FOIRES ET SALONS
MODE D'EMPLOI

Cet ouvrage reprend un texte réalisé par la Chambre Régionale de Commerce et d'Industrie de Bretagne, dans le cadre de l'opération Bretagne marchande.

Cette version initiale est ici notablement enrichie, notamment d'une partie consacrée à l'organisation des salons professionnels.

Gérard GAUTIER

FOIRES et SALONS
MODE D'EMPLOI

LES ÉDITIONS D'ORGANISATION
5, RUE ROUSSELET - 75007 PARIS

AUX ÉDITIONS D'ORGANISATION

Guy Bobichon
Trente recettes pour réussir vos ventes

Vincent Cazaumayou
Visa pour l'export

Jean-Louis Ferry
Guide du marketing direct

Roger Folco
La logistique à l'export

Patrick Kalason
Les 7 styles de vente

Pierre-Guy de Lentdecker
Le technicien du commerce international

Gilles Marion et Daniel Michel
Marketing, mode d'emploi

Sophie de Menthon
Mieux utiliser le téléphone

Bernard Missenard
Savoir négocier face à face
L'art de négocier en affaires

Daniel Piestrak
Les 7 clés du marketing stratégique

Alfred Zeyl et Armand Dayan
Animation et contrôle de la force de vente
Organisation et gestion de la force de vente

ISBN : 2-7081-0857-3

Sommaire

Avant-propos

Des milliers d'entreprises, d'organismes venus de tous les horizons professionnels participent chaque année à un salon ou à une foire-exposition.

Chaque année, des centaines d'organisateurs réalisent, à leur échelon géographique, les conditions de leur accueil.

Nous sommes conscients, par expérience, du fait que certains exposants ne trouvent pas toujours, en fonction de leurs objectifs, une totale satisfaction à leur participation à une foire-exposition.

Aussi avons-nous souhaité, à travers cet ouvrage, qui s'adresse avant tout à ceux qui n'ont jamais eu à organiser ce genre de manifestation :
— présenter, dans un but d'information, ce que sont les foires-expositions, leurs rôles, leurs fonctions, en insistant sur l'intérêt primordial qu'elles représentent sur le plan du développement économique et de l'animation d'une région ;
— présenter dans le détail tous les éléments à prendre en compte pour réussir, avec le maximum de chances de succès, une participation et optimaliser ses résultats.

Il nous apparaît par ailleurs, évident que la réussite des deux parties ne peut se réaliser qu'à partir d'une ***collaboration réelle, d'une dynamique commune.***

Si les responsables des foires-expositions ne doivent rien ignorer, de leur côté, de ce qui touche à l'évolution technologique, culturelle, scientifique, démographique, politique et sociale de leur environnement, les exposants ont, eux aussi, dans le même temps, un rôle important à jouer pour que les manifestations auxquelles ils participent soient en bonne santé et leur apportent les résultats correspondants à leurs espérances.

Nous sommes, à une époque où des efforts importants sont réalisés au sein des entreprises sur le plan de la formation permanente du personnel, de la recherche de meilleures techniques de production, de l'analyse de marchés, de la mise en place de systèmes de gestion de plus en plus élaborés, de nouvelles méthodes de communication. Dans un tel contexte il est surprenant de constater que souvent encore la décision de participer se prend sans préparation suffisante, au coup par coup, sans politique bien définie, en mettant en place un stand conçu à la hâte et en l'exploitant avec du personnel peu informé, non préparé pour ce genre de participation, voire, plus grave, extérieur à l'entreprise et, en conséquence, ignorant de ce qu'est celle-ci, de sa politique, de son image de marque, de ses produits.

Or, pour nous, la participation à une foire-exposition à un salon — véritables supports de communication — doit être l'aboutissement d'une réflexion et s'inscrire dans le cadre de la politique marketing de l'entreprise, et cela comme un investissement.

En tenant compte de l'importance de cet investissement sur les plans humain, technique, financier représentés par cet engagement, on doit insister sur le *peu d'efforts* à réaliser pour rentabiliser, celui-ci, cela dans les domaines suivants :

— L'approche même d'une foire-exposition ; à un salon

— L'imagination pour animer, faire vivre un stand ;

— La promotion à assurer ;

— L'information interne à mettre en place ;

— La formation spécifique du personnel chargé de la tenue du stand, de la réception des clients, des prospects ; ceci pour ne pas en arriver aux conséquences, dues à leur propre comportement, connues par certains chefs d'entrperises sur le plan de la publicité, qui, évoluant un moment dans un marché florissant, par manque d'esprit d'analyse, ne trouvent pas *justifié, nécessaire* d'engager une campagne et n'ont plus les moyens ensuite pour la réaliser lorsque ce marché se trouve en difficulté.

Chapitre 1

Évolution historique des foires et salons

Il n'entre pas dans nos intentions de retracer, dans le détail, l'historique des foires depuis l'Antiquité.

De très bons auteurs l'ont fait avant nous. Il nous appartient de conseiller aux personnes intéressées par le sujet de se rapprocher d'ouvrages spécialisés.*1

La vie étant évolution, les foires-expositions appartenant à la vie, faisant partie intégrante de leur environnement, il nous a semblé intéressant de situer les différentes étapes marquantes de ce qui s'est réalisé, en fonction des transformations de la civilisation, de l'économie.

Tout à fait à l'origine, c'est la mauvaise répartition des ressources mises à la disposition des hommes qui est à la base des mouvements d'échanges, de rencontres. En effet, certaines peuplades étaient par exemple riches de sel ou autre produit, mais par contre, démunies de céréales dont leurs voisines étaient largement pourvues ; mais celles-ci manquaient, dans le même temps, de ce que les autres avaient en abondance.

Après des luttes guerrières, elles en arrivèrent à échanger ce qu'elles

1 L'histoire française des foires et des expositions universelles, de Philippe Bouin et Christian-Philippe Chanut, aux Editions Baudouin.

ne pouvaient consommer : ce fut la naissance du troc. La production augmentant ensuite, plus rapidement que la consommation, la recherche de *nouveaux marchés* se fit obligatoire. D'où l'arrivée de nouveaux produits, de nouveaux *savoir-faire* et la création de lieux privilégiés d'échanges. Ainsi naquirent les foires que l'on rencontre dans la plupart des civilisations anciennes.

Après une importante période d'activité en Grèce, le chaos des invasions barbares, les désordres mérovingiens sonnèrent le glas définitif des rassemblements commerciaux de l'Occident. Il fallut attendre les croisades pour que renaisse l'activité commerciale. C'est à cette époque, au XIIIe siècle, que s'organisèrent la plupart des grandes foires françaises.

Après une nouvelle période de bonne santé, la guerre de Cent Ans asséna un coup décisif au commerce en général, et aux foires en particulier.

Après des périodes plus ou moins difficiles, confrontées au colbertisme, marquées par la Révolution, il fallut plus d'un siècle après cette dernière pour que réapparaissent quelques foires internationales, dont Leipzig.

En 1851 eut lieu à Londres la première Exposition Universelle, ouvrant la voie à la France qui organise sa manifestation en 1855.

Le développement de l'industrialisation après la guerre de 1914-1918 amena un retour des expositions, mais sous une autre forme, du fait de l'abondance même des productions industrielles diverses à présenter.

Les foires d'échantillons étaient nées.

A côté des foires présentant les produits les plus divers, accueillant un public très large, les professionnels regroupés par branche d'activité, souhaitant s'adresser à un public plus ciblé, organisèrent leurs propres salons et cela jusqu'à la deuxième guerre mondiale.

Le phénomène de séparation « Foires - Salons spécialisés » s'amplifia au cours des années 1950.

Les salons connaissant l'expansion que l'on connaît et entraînant par là même des perturbations dans la structure des foires-expositions, celles-ci se sont trouvées confrontées, de plus, à un ensemble de problèmes importants, d'éléments nouveaux :

— L'absence de marques qui les ont quittées pour ne plus être présentes que par leurs agents, leurs concessionnaires. Cela a eu pour conséquence de donner aux manifestations un caractère plus régional que national à celles de province ;

— L'amélioration des communications routières a facilité les transports et donc les déplacements des hommes, des produits et également des idées ;

— La mutation de la distribution, avec l'arrivée des grandes surfaces ;

— L'importance croissante de la communication, des médias, des circuits traditionnels de l'information ;

— L'implantation d'aires d'expositions permanents en périphérie des villes pour la présentation des caravanes, des bateaux, de la motoculture ;

— L'évolution des modes de vie, la civilisation des loisirs ;

— L'organisation des mouvements de consommateurs ;

— Le nombre de plus en plus important de manifestations de tous ordres organisées par des associations, des collectivités, des groupements (dont ce n'est pas l'objet principal et qui souhaitent, en ce faisant, trouver des recettes financières), en dehors des structures « foires-expositions » qui n'ont pas toujours su faire respecter la réglementation des foires et salons ou s'imposer par leurs qualités ;

— La difficulté de trouver des nouveautés au niveau des animations, des thèmes susceptibles de créer *l'événement.*

Malgré cela et compte tenu que les salons spécialisés sont souvent organisés à Paris ou dans les grandes métropoles, l'intérêt des foires-expositions reste entier pour peu que leurs dirigeants — en vrais professionnels et quel que soit le statut qui est le leur - prennent, comme ils ont l'habitude de le faire, conscience de la nécessaire adaptation de leur outil économique. Ils doivent mettre en œuvre les moyens nécessaires pour l'améliorer, le faire évoluer.

Il leur appartient, entre autres choses, de devenir un support de communication institutionnelle qui permette aux entreprises de se présenter aux consommateurs, aux pouvoirs publics. En fait, en recréant le dialogue *producteur-consommateur,* en associant à cette démarche les groupements de consommateurs, les cercles de qualité.

Il appartiendra également aux responsables de foires-expositions :

— de réaliser autant que cela puisse se faire — en tenant compte de leur potentiel visiteurs, de l'importance de la manifestation — des sections homogènes, des minis-salons (Foire de Paris).

— de créer, autour d'un thème, des regroupements d'entreprises appartenant par exemple à une même branche d'activité, à une même zone artisanale ou industrielle ;

— d'informer largement les médias sur leurs actions, leurs rôles ;

— d'amener les exposants à pratiquer de réels *prix-foire* ;

— de créer, ce qui se réalise déjà depuis quelques années, des manifestations à thème, autour d'un pays, d'une activité, d'un événement historique, en traitant le sujet dans toutes ses implications, économiques, culturelles, sociologiques ;

— d'offrir aux associations, aux collectivités publiques, la possibilité de se présenter, de s'exprimer, sans perdre leur identité.

Actuellement, un phénomène positif est à noter quant à l'évolution des foires-expositions. C'est la présence de plus en plus importante des grandes surfaces. Cela démontre l'intérêt qu'elles accordent à ce genre de manifestations. C'est un élément positif pour l'avenir des foires, dont on peut dire que, si elles n'existaient pas, il faudrait les inventer.

Chapitre 2

Comité d'organisation

Du fait de l'importance de sa mission, nous pensons que le Comité organisateur doit être réellement *représentatif, crédible,* pour être un élément moteur efficace sur le plan économique.

Pour ce faire, il doit :

— être intégré au maximum dans le tissu socio-économique et culturel de sa zone d'implantation, d'influence, de manière à bénéficier du consensus général pour ses organisations ;

— s'appuyer sur toutes les structures socio-professionnelles de la région économique, ce qui lui permettra de bénéficier du soutien des groupements et syndicats professionnels lors d'organisations de sections homogènes, *a fortiori* de salons spécialisés ;

— être en relation permanente avec les pouvoirs publics, les chambres de commerce, de métiers, d'agriculture, les collectivités locales, départementales et régionales, les associations ;

— implanter, dans la mesure du possible, son parc d'exposition le plus près possible du centre de l'agglomération dans laquelle sont organisées les manifestations, en tenant compte des voies d'accès et — très important — des possibilités de parking. Ceci permet de bénéficier directement de la clientèle potentielle de la cité, d'associer plus étroitement le commerce local, de lui apporter un rayonnement supplémentaire et de créer ainsi un esprit propice, de meilleures relations. Ceci valant bien sûr, à un degré moindre, pour les métropoles importantes pour lesquelles, compte tenu de la surface qui leur est nécessaire, un éloignement plus grand peut être envisagé. Cela d'autant plus qu'elles ne sont pas enclavées, que les voies d'accès sont souvent plus nombreuses, mieux aménagées. (Annexe : classement des Parcs en fonction de leur éloignement par rapport aux centres des villes) ;

— organiser un parc d'expositions bien structuré, polyvalent quant à ses possibilités d'utilisation, avec des halls bien aménagés pour accueillir les exposants, tout en respectant la notion *d'unité de lieu* si importante pour le bon déroulement d'une manifestation.

Pour y parvenir, sont à prendre en compte :

— la population visiteurs potentiels

— la surface totale du parc

— la répartition possible des exposants, des zones d'attraction

— le temps moyen consacré par un visiteur à la découverte d'une manifestation

— les enquêtes auprès des non-visiteurs pour connaître leurs motivations et mettre en place les améliorations à apporter pour les faire venir, se rapprocher de leurs attentes.

Un objectif prioritaire des organisateurs, il est important de le souligner, est de développer les surfaces couvertes. Cela pour des raisons évidentes de recherche de qualité d'accueil pour les exposants et les visiteurs, mais aussi dans un souci de meilleure gestion : le coût de location sous couvert étant plus élevé, les possibilités d'utilisation plus nombreuses car moins assujetties aux conditions climatiques.

Dans cet esprit, il nous plaît à souligner parmi les réussites d'un certain nombre de parcs d'expositions, celle de la réalisation *d'EUREXPO* la cité des expositions de Lyon, et cela pour de nombreuses raisons :

— le lieu d'implantation qui offre de grandes facilités d'accès. Situé à environ 15 à 20 minutes du centre de Lyon par l'autoroute A43, à proximité immédiate de l'aéroport d'affaires de Bron, à 10 minutes de celui de Satolas, le Parc bénéficie ainsi d'un véritable réseau d'irrigation auquel s'ajoutent d'autres voies routières (Genève, Chambéry, Grenoble, contournement de Lyon) et un accès Métro-Bus ;

— les conditions de stationnement permettent de libérer totalement l'esprit des visiteurs et des exposants : la proximité, le nombre et la capacité des parkings sont autant d'éléments qui ont été bien traités ;

— la conception modulaire de l'ensemble quant à la disposition des différents halls - sur un même niveau - par rapport au Dôme, zone d'accueil, de services, de dispatching, véritable cœur du Parc, autorise une grande souplesse d'exploitation en fonction des besoins plus ou moins grands en surface, cela en conservant autonomie, unité de lieu ;

— les accès nombreux et directs, de plain-pied, des halls, facilitent l'installation des expositions ;

— l'existence d'un *véritable Centre de Congrès* aux salles de différentes capacités ; certaines sont divisibles, avec Salon d'Honneur, restaurant, cafétéria permettant d'accueillir de nombreuses manifestations scientifiques, culturelles, politiques, associatives qui aident au développement de la notoriété du Parc, à son image de marque ;

— la volonté toujours présente de conserver une dimension humaine, de privilégier l'accueil, d'aider au cheminement des visiteurs, à leur confort.

Pour remplir parfaitement son rôle, l'organisateur doit de plus :

— connaître et maîtriser sa manifestation en analysant les résultats en fonction de son propre potentiel et des ratios fournis par d'autres organisateurs, par la Fédération des Foires et Salons de France et portant sur le nombre d'exposants, les surfaces louées, les secteurs d'activité représentés, le nombre et la qualité des visiteurs ;

— connaître, grâce à des enquêtes, les motivations des exposants, des visiteurs, de manière à mettre en place les éléments propres à permettre de trouver la meilleure adéquation possible entre les objectifs de chacun des partenaires : Exposants - Visiteurs - Organisateur ;

— réaliser des enquêtes auprès des exposants et des visiteurs pour déterminer ce qui est positif, certes, mais surtout, en vue d'amélioration, ce qui laisse à désirer sur le plan de l'organisation : accueil, implantation des stands, restauration, signalisation intérieure et extérieure, gardiennage, parkings, sonorisation, publicité, animations ;

— mettre en place, pour répondre aux attentes des visiteurs, des animations susceptibles d'intéresser le plus grand nombre et cela

Le parc Eurexpo *(photo Jacques Dugas)*

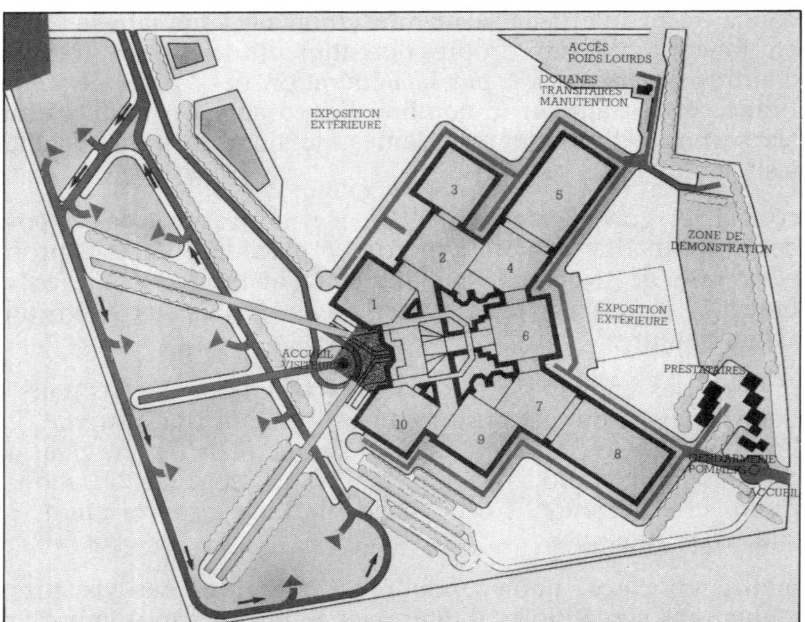

grâce à des stands intégrant l'information économique, culturelle, scientifique et remplir la fonction de communication sociale qui lui est impartie.

En ce qui concerne les animations mises en place, il faut que celles-ci soient pensées pour que :

— la manifestation ait un esprit *fête* ;

— toutes les zones de la manifestation soient vivantes, drainées par les visiteurs, en privilégiant les secteurs dont on pense qu'ils risquent d'être défavorisés sur le plan de la fréquentation, car un peu à l'écart des grands courants ;

— le thème général retenu soit valorisé, soutenu.

Les animations devant être, en tout état de cause, *motivantes, surprenantes, inédites*.

Ceci étant, l'organisateur doit rechercher l'équilibre et ne pas devenir un « entrepreneur de spectacles » pour seulement voir augmenter le nombre de ses visiteurs. L'objectif *prioritaire* dans ce domaine restant l'aide à apporter à l'exposant pour lui permettre de réaliser ses propres objectifs économiques.

L'animation répond au constat qu'un nombre important de visiteurs se déplace en famille avec pour motivation — en dehors de celle de voir des nouveautés, de se documenter, d'acheter — celle de se distraire. Et c'est chemin faisant, l'esprit festivité créé aidant, que se déclenche le processus suivant :

Eveil de l'intérêt → Information → Achat.

Une autre préoccupation de l'organisateur doit être d'attirer un nombre maximum d'exposants en prenant soin de diversifier les activités présentées et cela en recherchant les nouveautés, les innovations. Dans le même temps, il lui faudra avoir la volonté d'attirer le plus possible de visiteurs, mais toujours en respectant une représentation valable des couches socio-professionnelles d'âges, d'origines géographiques par rapport à sa zone d'implantation.

La recherche de diversification dans les deux cas est très importante.

En effet, une *sur-représentation* dans un secteur d'activité aurait pour conséquence l'affaiblissement du potentiel de chiffre d'affaires à réaliser par les exposants et risquerait de créer la lassitude chez les visiteurs.

Dans le sens inverse, une *sous-représentation* peut amoindrir, voir supprimer les possibilités de comparaison, de concurrence pour les visiteurs.

Les choses étant ainsi présentées, les risques existant pour les organisateurs se situent dans la recherche de l'équilibre à trouver avec, en cas d'échec, les conséquences suivantes :

— Grâce à une publicité importante, amener un maximum de visiteurs alors que les efforts n'ont pas été faits ou n'ont pas été couronnés de succès, pour se rapprocher le plus possible, par la qualité des exposants, leur nombre, leurs activités, de ce qu'ils attendent. D'où *déception des visiteurs* et chute à attendre de leur nombre l'année suivante ;

— *A contrario,* ne pas faire les efforts promotionnels, publicitaires suffisants ou mal ciblés et, par voie de conséquence, avoir un public peu nombreux, mal équilibré, alors que l'on a en nombre, en qualité, en diversité les exposants correspondant à ce que pouvaient souhaiter les visiteurs potentiels, d'où *déception des exposants* avec, là également, le risque de leur non-participation l'année suivante.

Il appartient à l'organisateur, à la lumière de ce qui précède :

— d'assurer la promotion des manifestations qu'il organise sur le plan publicitaire — affichage, presse, mailings, audio-visuel —, des relations publiques par l'édition et la diffusion, la plus large qui soit, d'un dossier de presse portant sur les structures de la manifestation, ses points forts, son déroulement, des chiffres statistiques et le maximum de renseignements sur les présentations des exposants. Ce dossier devant être un outil de travail pour les journalistes qui auront ainsi la possibilité d'aller plus loin dans leurs recherches de renseignements ;

— d'organiser une réunion de presse afin de présenter dans le détail sa manifestation.

> En fait, un bon organisateur ne doit pas agir comme un *simple loueur d'espace,* mais doit avoir conscience des éléments qui précédent et surtout les intégrer le plus largement possible dans toutes ses décisions.

Chapitre 3

Les motivations des exposants

Les motivations qui peuvent amener une entreprise à participer à une foire-exposition sont nombreuses.

Dans l'énoncé de celles-ci, les plus connues — la recherche d'image de marque étant toujours sous-jacente — on peut citer :

1) la création d'un nouveau secteur géographique, dans une zone où l'entreprise n'est pas représentée, cela de manière à avoir un maximum de contacts *directs* en un minimum de temps et ainsi assurer un meilleur démarrage à un service commercial ;

2) la volonté de faire connaître un produit nouveau, un service nouveau, en réalisant en un minimum de temps, auprès d'un large échantillonnage de clients ou de prospects, le maximum de tests concernant la présentation, le prix, le marché lui-même ;

3) la décision prise en fonction des résultats positifs de participations antérieures — analyse du poids du chiffre d'affaires « foire » dans le chiffre d'affaires total annuel de l'entreprise ;

4) la nécessité de se faire connaître, en tant qu'entreprise, dans l'esprit de communication sociale, cela en apportant une information sur ses structures, ses moyens humains, techniques,

commerciaux et augmenter ainsi son rayonnement auprès des clients, des prospects, des pouvoirs publics, du grand public ;

5) la recherche d'un chiffre d'affaires immédiat, cela dans une période conjoncturelle difficile, en offrant par exemple des *prix promotionnels foire,* l'objectif étant de réduire des stocks, d'augmenter un volant de trésorerie ;

6) la création d'un portefeuille de perspectives pour programmer avec plus de marge de sécurité des investissements, un programme de développement de l'entreprise ;

7) la peur d'être absent alors que les concurrents sont, eux, présents. Il est évident qu'une telle décision peut être lourdement préjudiciable si la préparation n'est pas assez réfléchie, mûrie. Le « moutonnement », dans ce domaine comme dans beaucoup d'autres, est condamnable ;

8) l'importance de la population visiteurs, du potentiel de clients ;

9) le thème de la manifestation et les possibilités offertes ainsi à l'entreprise de nouveaux contacts dans le cas de la présentation d'un pays étranger, par exemple. Une manière intelligente et peu coûteuse de préparer l'entreprise à l'exportation en nouant des relations privilégiées, directes ;

10) la date de la manifestation par rapport au calendrier des foires et salons et à celui d'autres participations de l'entreprise.

Chapitre 4

Ce que les exposants attendent de l'organisateur

1. - DOCUMENTS ADMINISTRATIFS

10. *Dossier d'admission.*

Ce document doit parvenir en temps utile pour permettre à l'entreprise de prendre ses dispositions en toute connaissance de cause. L'attention devant être portée à la transmission de renseignements précis, clairs, concernant les modalités de participation, les coûts de location de surfaces occupées, le coût et les garanties des assurances, des différentes prestations offertes.

11. *Guide de l'exposant.*

Celui-ci faisant état de toutes les obligations de l'exposant, il doit parvenir en même temps que le dossier d'admission. Certaines contraintes devant, pour être respectées, être connues longtemps à l'avance (aménagement, hauteurs à respecter, débordements dans les allées, sonorisation, sécurité).

12. *Permanences.*

Il est important pour l'exposant de connaître le nombre de badges, de cartes d'entrée, qui seront mis à sa disposition pour assurer dans de bonnes conditions la tenue de son stand.

2. - ORGANISATION GÉNÉRALE

20. *Attribution des stands.*

Les exposants exigent, lors de l'attribution des stands, un emplacement qui soit bien situé, notifié assez tôt pour aider à une meilleure préparation et ainsi permettre de présenter une réclamation s'il n'y a pas concordance avec ce qui était souhaité.

Au niveau de la répartition, l'organisateur doit éviter la gêne entre exposants d'un même secteur d'activité (ne pas mettre deux concurrents face à face par exemple).

21. *Publicité - Information.*

— Un point très important est la publicité, dont l'impact — grâce aux efforts faits dans la presse, par affichage routier, par audio-visuel — doit permettre d'attirer un nombre suffisant de visiteurs, tout en respectant :

- une bonne représentation des catégories socio-professionnelles,
- une bonne représentation des couches d'âges,
- une bonne représentation de la population de la zone d'attraction de la manifestation.

Les exposants sont également très attachés à trouver, tout au long du déroulement de la manifestation, une bonne couverture rédactionnelle, ce qui a un effet promotionnel indéniable.

Ceci passe par une sensibilisation des journalistes au fait *économique* d'une foire-exposition.

22. *Accueil - Relations commerciales.*

Les exposants souhaitent, à juste titre, un accueil courtois et une certaine considération de la part des organisateurs. Ils aiment, en fait, souvent voir leurs problèmes traités par les organisateurs comme s'ils étaient les seuls à se poser à eux.

23. *Signalisation.*

La signalisation fait partie de la communication, de l'information et est un des soucis de l'exposant. Un fléchage correct de la manifestation, à l'intérieur du parc mais également à l'extérieur, joue à deux niveaux :

- en rassurant les exposants sur les efforts réalisés par les organisateurs. Une bonne signalétique est en effet assimilée à de la publicité ;
- en aidant les exposants et les visiteurs dans leur venue à la foire-exposition.

24. ***Animations.***

Aux yeux des exposants, l'animation est à considérer sur le plan de :

- l'animation générale, qui doit être de nature à créer une ambiance favorable et aider à la bonne circulation des visiteurs,
- l'animation sonore générale, qui ne doit pas être perturbatrice, mais tonique et agréable.

25. ***Services.***

- un parking exposants à proximité immédiate du parc d'exposition,
- un service de restauration de qualité, rapide, diversifié et à prix étudiés,
- un gardiennage, une surveillance de jour et de nuit souples mais vigilants,
- un personnel d'assistance rapide et efficace.

26. ***Divers.***

En dehors des points précités, les exposants sont attentifs également :

- aux équipements du parc d'expositions, qui doivent être assez groupés ;
- à des allées goudronnées : les gravillons sont très fatigants pour la marche. Ceci joue en négatif sur l'état d'esprit des visiteurs, des acheteurs potentiels ;
- pour les espaces situés à l'extérieur, au fait de pouvoir disposer de surfaces planes, bien drainées, bien stabilisées, ceci pour éviter, en cas de pluie, les inondations, la boue. Cela joue pour les exposants en motoculture, en caravaning... ;
- à une foire propre et possédant des aires de repos.

Chapitre 5

Ce que les visiteurs attendent d'une foire-exposition

A partir du moment où les visiteurs auront été informés de l'existence d'une manifestation, grâce à la publicité faite autour de l'événement, aux rédactionnels presse, et qu'ils auront décidé de leur venue en fonction de leur souhait de réaliser un achat ou de découvrir le thème annoncé, leur satisfaction dépendra de plusieurs éléments qui conditionnent leur visite à une future foire-exposition.

1. - PRÉSENTATION ÉCONOMIQUE

Les visiteurs aiment à découvrir :

10. - des nouveautés ; l'impression ressentie de « déjà vu » est préjudiciable à une fidélisation ;

11. un éventail important :

- d'activités, de produits présentés,

- d'informations en un même lieu, que ce soit sur le logement, la qualité des produits, sur leur mode de vie ;

12. - et à bénéficier de *prix promotionnels foire,* ce qui n'existe que trop peu souvent, malheureusement.

2. - ANIMATIONS

Les animations pour le visiteur sont à considérer sur plusieurs plans :

20. Le thème lui-même, qu'il s'agisse de la présentation d'un pays, d'une évocation historique, d'une animation purement culturelle ou économique, doit être attractif, animé, dense, nouveau, dépaysant, ludique, didactique, pour répondre à toutes les attentes.

21. L'animation générale, avec des pôles d'intérêt bien répartis, et qui soit de nature à créer tout au long de la visite une ambiance de fête.

22. L'animation des stands elle-même est très importante. Il suffit, pour s'en persuader, de voir la réaction des visiteurs au passage de certaines allées démunies d'animation, lorsqu'ils ne sont pas directement intéressés *a priori* par les équipements proposés — l'ameublement par exemple.

3. - ACCUEIL

Dans cette rubrique, nous faisons entrer tout ce qui touche à l'accès à la foire-exposition, jusqu'au moment où le visiteur la quitte :

30. *Signalisation.*

— Le fléchage extérieur est apprécié, qui permet au visiteur d'être bien guidé vers le parc, et cela de quelque endroit qu'il arrive. Cette prise en charge doit être faite à environ cinq kilomètres du parc d'exposition.

A l'intérieur du parc, le fléchage doit indiquer clairement tous les points où se situent des animations, des expositions, des services.

Signalétique. — Un principe à retenir est que *trop d'informations tuent l'information*, d'où l'obligation de lister tous les *points utiles* à signaler et ensuite de procéder à une sélection rigoureuse. Jouer avec la couleur pour établir des cheminements, des suites logiques est une possibilité à ne pas négliger pour aider le visiteur dans sa quête.

31. *Parkings.*

— Un parc qui ne disposerait pas — comme un magasin ou un centre ville — d'une densité de parkings suffisante connaîtrait rapidement des problèmes de fréquentation. Les parkings doivent être à proximité, et accessibles rapidement. Pour les samedis et dimanches — jours de grande affluence — un service d'ordre doit être mis en place pour éviter les files d'attente trop longues, ce qui est rarement supporté par les visiteurs et risque de les amener à perdre patience, d'où la décision de changer de but de promenade.

32. *Services.*

— Une manifestation bien organisée, avec un thème attractif, des activités diverses, n'aurait pas la réussite souhaitée si l'accueil des visiteurs au niveau des personnes laissait à désirer. Celui-ci doit être agréable, courtois, et cela qu'il s'agisse de l'implication des caissiers, des contrôleurs, des hôtesses, mais également des exposants eux-mêmes.

D'autres paramètres entrent dans la satisfaction ou non des visiteurs par rapport à une foire-exposition.

Des aires de repos, des bancs, un parc propre, décoré floralement, sera de nature à ajouter à l'esprit général créé et à mettre le visiteur dans des conditions favorables par rapport aux exposants.

Dans cet esprit, il ne faut pas oublier de répartir sur le site, des sanitaires en nombre suffisant et bien entretenus. Par ailleurs, en dehors de services à caractère obligatoire tels qu'infirmerie, garderie d'enfants bien équipée sur le plan des jeux, des possibilités de couchage, un service qui doit être traité avec attention et sérieux est celui de la restauration.

Cette prestation fait en effet partie intégrante de l'organisation, joue pour beaucoup dans sa réussite ou son échec et participe à l'image de marque de la manifestation. Elle doit être de qualité, abordable quant au prix de façon à permettre à une famille de venir déjeuner. La capacité d'accueil doit être également étudiée ainsi que la diversité des menus proposés. Les visiteurs aiment le dépaysement.

Traiter trop légèrement le problème de la restauration serait prendre le risque de voir les visiteurs déserter la manifestation jusqu'au début de l'après-midi. Cette attitude étant de nature, par voie de conséquence, à voir certains exposants ne tenir leurs stands ouverts qu'après déjeuner, et ensuite, à avoir des réticences quant à une future participation.

33. *Billetterie.*

— Si, durant la semaine, le nombre de visiteurs n'implique pas un dispositif spécial, durant les week-ends il importe de mettre en place des guichets en nombre suffisant pour éviter des files d'attente trop importantes. Une personne devant être chargée de gérer celles-ci pour éviter des problèmes.

Il apparaît nettement, en prenant connaissance :
— des motivations pour une participation,
— de ce que les exposants attentent de l'organisateur,
— de ce que les visiteurs attendent d'une foire-exposition, que, pour connaître la réussite souhaitée par chacun, il faut qu'il y ait *adéquation complète* entre toutes les volontés exprimées par les différents partenaires et les actions mises en place pour y parvenir.

Ceci est indispensable si l'on tient compte d'un élément extérieur d'importance, à savoir la situation économique générale et, bien sûr, particulière de la région dans laquelle la manifestation est implantée.

Chapitre 6

Comment participer

1. - RENSEIGNEMENTS A PRENDRE PAR RAPPORT A L'ORGANISATEUR

10. *Au niveau de l'organisation elle-même.*

Il est important de savoir si la manifestation est autorisée, ceci ayant une incidence sur la fiscalité des frais généraux.

Se renseigner pour savoir si la foire est agréée permet d'avoir une idée sur l'importance de celle-ci. En fonction de l'arrêté du 20 avril 1984, elle comportera au moins, si elle l'est, 250 exposants et se sera tenue au moins trois fois (voir annexe).

Il est important de connaître la composition du Comité d'organisation. En effet, au niveau de l'organisation, la bonne volonté ne suffit pas, celle-ci est affaire de professionnels, de spécialistes.

Le problème du gardiennage étant très important, il est bon de s'assurer des conditions des contrôles de jour et de gardiennage de nuit.

Dans la mesure où l'entreprise n'a jamais participé à la manifestation, il est important de faire, soit une visite préalable, soit de se renseigner auprès de collègues ou, mieux, auprès de la Chambre de Commerce dont elle ressort.

11. *Impact de la manifestation.*

— Connaître son impact, son ancienneté, son sérieux, son potentiel visiteurs sur ce plan précis, le nombre connu pour une seule année n'est pas significatif. Il est donc utile de prendre en compte une évolution sur plusieurs années. S'attacher également à déterminer les catégories socio-professionnelles, les catégories d'âges des visiteurs, leur origine géographique, ce qui donne une indication sur le rayonnement de la manifestation.

Il faut par ailleurs s'informer sur le nombre, la qualité, la diversité des exposants présents, en tenant compte de la *proportion des commerçants purement locaux*. Si celle-ci est trop importante, l'intérêt de la foire risque d'en être sensiblement diminué.

— Une autre information à recueillir est de savoir quels matériels, équipements, produits ou services sont présentées.

— D'autres éléments peuvent être déterminants qui concernent l'existence ou non de sections homogènes, de salons spécialisés à l'intérieur de la manifestation, et cela sans oublier l'existence de manifestations importantes — autres qu'économiques d'ailleurs — dans la région, et cela à la même date. Ceci peut avoir une influence directe sur la fréquentation des visiteurs et, par là même, sur le rayonnement de la foire.

12. *Moyens techniques mis à la disposition des exposants.*

En règle générale, tous ces renseignements doivent figurer dans le guide de l'exposant, qui accompagne normalement le dossier d'admission.

Ils peuvent être en effet de nature à conditionner une participation.

Il est intéressant de savoir s'il existe :

— un quai de débarquement pour les matériels lourds,

— un chariot élévateur,

— du matériel d'exposition, des vitrines,

— des comptoirs, des bars, des éviers si cela est nécessaire,

— de la moquette en location,

— un lieu de stockage pour les emballages vides ; ceci étant souhaitable après le montage dans la mesure où ils sont encombrants ou fragiles,

— des possibilités de main-d'œuvre sur place, d'hôtesses, de peintres en lettres.

13. ***Contraintes techniques.***

Avant de prendre une décision, il faut bien apprécier les données suivantes :

— dimensions d'un module de base,

— résistance des planchers bois ou béton au m^2,

— emplacement des portes, plan des lieux,

— hauteur possible en élévation des stands,

— largeur des portes d'accès, des allées. Ceci valant pour la période d'aménagement.

Il est arrivé en effet que certains exposants, n'ayant pas pris ce genre de renseignements, se trouvent devant des problèmes de gabarit à cause de stands déjà mis en place avant leur arrivée. Connaître ce genre de renseignements évite ce désagrément, en programmant son implantation en temps voulu.

— Ignifugation - sécurité : du fait de l'obligation de respecter les règlements en vigueur, il est bon de se munir des certificats d'ignifugation dans la mesure où il a déjà été procédé à ce genre d'obligation.

— Branchements électriques, fluides : est-on obligé de passer par un partenaire ? Quelles obligations respecter ?

2. - ACTIONS PRÉALABLES

20. ***Auprès des fournisseurs.***

La décision étant prise d'entreprendre les démarches en vue de participer, il est conseillé de se rapprocher de ses fournisseurs pour obtenir, si possible, une *exclusivité* de présentation (ceci pour ne pas se retrouver en concurrence avec un revendeur n'assurant pas les mêmes services et jouant sur le seul argument du tarif), des conditions exceptionnelles, un soutien financier, publicitaire ou logistique.

21. ***Dossier d'admission.***

Il est important, lorqu'on est en possession du dossier, de bien le lire dans tous ses détails. Ensuite, de le remplir le plus complètement possible pour éviter les inconvénients à l'arrivée sur le lieu d'exposition. Ceci justifie d'une étude approfondie de tous les besoins techniques :

ÉLECTRICITÉ :
Quelle puissance ? Pour quels matériels ?

FLUIDES :
Arrivées ? Évacuations ?
Besoins en propane (réglementation de sécurité).

TÉLÉPHONE :
Attention : de plus en plus fréquemment, la demande est à formuler directement aux services de télécommunications. Dans la mesure où il n'en est pas fait mention sur la demande d'admission, il est bon de se faire préciser la méthode à appliquer.

ASSURANCES :
Quels risques sont couverts ? En cas de sinistre, quelles obligations ? Quels délais pour les déclarations ? Assurances Responsabilité civile ? Dommages ?

En cas d'assurance *obligatoire*, *multirisques,* il est bon de voir avec son propre assureur pour savoir si les assurances déjà souscrites auprès de lui couvrent les risques de la participation. Dans le cas positif, une attestation de ce dernier ainsi qu'une renonciation à tout recours au bénéfice de l'organisateur devraient suffire (voir annexe p 95).

NUISANCES :
Vérifier si les installations sont source de nuisances, bruit, odeurs, dégagement de chaleur.

En remplissant la demande d'admission, on peut se trouver confronté à une question concernant la notion d'exposant *direct ou indirect.*

Des contestations peuvent naître de l'interprétation de ces termes. Aussi nous a-t-il semblé utile de préciser ces notions et de rappeler ce qu'elles sont par rapport aux dispositions adoptés par l'Union des Foires Internationales.

Exposant *direct :* c'est l'exposant qui occupe un stand au titre de sa propre entreprise, reçoit la facture de l'organisateur de la manifestation et la règle directement.

Exposant *indirect* ou firme *représentée :* c'est l'exposant qui n'a pas de stand en propre mais présente ses produits sur le stand d'un exposant *direct.* L'exposant *indirect* n'a d'existence aux yeux de l'organisateur que s'il acquitte, à l'appui de la demande d'admission, un droit de participation.

3. - ÉTABLISSEMENT DES OBJECTIFS DE LA PARTICIPATION

Il ne suffit pas, nous l'avons déjà dit, de décider de participer, encore faut-il, en fonction des possibilités de l'entreprise, cerner des objectifs en tenant compte de la politique de celle-ci, de la position des produits, équipements, matériels ou services vis-à-vis de la concurrence.

Il faut, dans un premier temps, déterminer un thème de *présentation*. Ceci devant être déterminant au niveau de l'organisation sur le plan de l'aménagement du stand, de la publicité, des moyens à mettre en place.

Du fait des implications qu'une participation a sur le plan financier, celui des approvisionnements et de la fabrication, il faut déterminer des objectifs et analyser toutes les conséquences entraînées par leur obtention ou non. Ainsi, s'il s'agit de biens de consommations à emporter, par exemple, il faut prévoir un stock suffisant et des possibilités éventuelles de réapprovisionnement pour répondre, durant toute la durée de la manifestation, aux demandes dans les mêmes conditions tarifaires.

S'il s'agit de produits frais, d'autres contraintes existent pour répondre à la législation d'une part et à l'obligation d'avoir toujours, en dehors de la qualité, une présentation irréprochable.

Dans le cas d'un bien d'équipement, il faudra prévoir l'incidence que l'on peut avoir, soit au niveau de la fabrication, soit au niveau des délais de livraison des fournisseurs.

Pour des services justifiant des études importantes, il faut prévoir les délais d'analyse pour ne pas créer des problèmes dans le respect des engagements pris.

En tout état de cause, il sera nécessaire, en son temps, d'informer clairement le personnel présent sur le stand des délais à prendre en considération. Pour des ventes à caractère promotionnel sur un article, par exemple, il est important de bien quantifier le stock nécessaire pour ne pas être contraint de respecter ses engagements *à perte*, du fait de l'obligation devant laquelle on serait de se réapprovisionner à des conditions supérieures à celles initialement obtenues.

4. - BUDGÉTISATION DES COÛTS

Pour appréhender les budgets, il est bon de prendre en compte les coûts directs, c'est-à-dire liés *directement* à la participation et que l'on peut identifier sans hésitation.

40. ***Frais à débourser auprès de l'organisateur lui-même.***

- — Droits d'inscription,
- — Location de surface, suppléments pour angles,
- — Branchements divers (à noter que certaines dépenses seront peut-être facturées directement par l'E.D.F. ou les Télécommunications),
- — Assurances,
- — Places de parking,
- — Inscription au catalogue,
- — Cartes d'acheteur, cartes d'invitation.

41. ***Frais de conception et de réalisation du stand.***

Sur ce plan jouent la solution choisie quant au stand lui-même et la politique adoptée par l'entreprise face à une location ou à une acquisition.

Dans ce poste, il ne faut pas oublier d'intégrer les coûts de certaines locations, mobilier, réfrigérateur, téléviseur, vidéo, ordinateur... et l'intervention de prestataires de services (branchements électriques, travaux de menuiserie, intervention de peintre en lettres).

42. ***Frais de publicité, d'imprimerie.***

Entrent dans cette rubrique tous les frais publicitaires réalisés *directement* pour la promotion de la manifestation (y compris la conception) : mailings, documentation, cartes d'invitation, publicité dans le catalogue, affichage, réalisation de montage audio-visuel, objets publicitaires, propectus, imprimés divers.

43. ***Affranchissements.***

On ne peut intégrer dans ce poste que les montants des affranchissements vraiment identifiés (mailings, invitations...).

44. ***Frais de personnel.***

Partant du principe que les employés affectés à l'organisation d'une foire-exposition seraient de toute manière pris en charge par l'entreprise, on ne doit pas — à notre avis — en tenir compte dans les budgets prévisionnels. Par contre, les rémunérations et charges des personnels extérieurs à l'entreprise et embauchés pour la manifestation doivent être évalués au même titre que :

- — les frais de vie du personnel prévu pour le montage, le démontage et la tenue du stand ;

— les frais de déplacement, d'hébergement de tout le personnel ;

— les frais découlant de la récupération d'heures dues au fait des nocturnes, du travail des samedis, dimanches et jours fériés.

45. *Frais de réception.*

Concernant ces frais, il faut tenir compte de la législation ayant trait à la taxation des frais généraux pour faire une distinction entre les différents frais de réception.

Sur un plan général, on peut dire que :

— les frais concernant directement le personnel de l'entreprise ne sont pas taxables,

— les frais concernant la réception des clients (traiteur pour réceptions) sont taxables.

46. *Frais divers.*

Dans ce poste seront regroupés tous les frais de manutention, de levage, de transport des matériels, de stockage, de téléphone durant la manifestation...

5. - ÉTABLISSEMENT D'UN PLANNING

A partir du moment où la décision est prise de participer, il est indispensable d'établir un listage de toutes les opérations à réaliser pour mener à bien la participation. Ceci étant fait, il faut établir un calendrier précis, véritable *compte à rebours,* en mettant chaque phase prévue sous la responsabilité d'une personne.

Il ne faut pas perdre de vue qu'un délai de six mois, qui semble long *a priori,* s'avère très court quand il s'agit de préparer une organisation dans laquelle intervient un très grand nombre de paramètres. Surtout si on tient compte du fait que certaines interventions seront confiées à des prestataires extérieurs. Dans cet esprit, il faut prendre en compte l'élaboration des projets, des maquettes, le lancement des appels d'offre, la fabrication des commandes passées aux fournisseurs. Ceci en dehors de ce qui est du ressort direct de l'entreprise, sur le plan interne.

6. - INFORMATION DU PERSONNEL DE L'ENTREPRISE

Il est bon, sur le plan humain, d'informer l'ensemble du personnel de la décision de participation à une foire-exposition, des objectifs qui ont été fixés. Ceci permet de confronter les idées de chacun et d'obtenir l'adhésion, la mobilisation de tous, et ainsi de créer un état d'esprit favorable à la réussite du projet.

Ces considérations sont d'importance dans la mesure où une participation à une foire-exposition peut avoir une heureuse incidence sur l'emploi. Les résultats peuvent donc devenir facteurs de paix sociale. C'est un élément à ne pas négliger au moment de prendre la décision.

7. - INFORMATION DES CLIENTS

« **Participer, c'est bien ; le faire savoir à ses clients et aux prospects, c'est mieux.** »

Si l'on considère que chaque exposant, par ses efforts, peut apporter à son échelon à la réussite générale de l'ensemble et, par là même, en profiter au niveau de sa propre entreprise, force est d'admettre que c'est sur le plan de l'information que cette démonstration peut être faite.

Pour ce faire, plusieurs formules peuvent être utilisées :

— Transmettre une *lettre personnalisée* à ses clients, à des prospects pour les informer de la présence, de l'emplacement de son stand, du motif de sa participation, des innovations présentées, de l'organisation éventuelle d'un concours, d'une promotion, d'une table ronde…

A cette lettre peut être joint, soit un prospectus transmis par l'organisateur, soit une carte d'invitation ou d'acheteur. Ceci a un but informatif et incitatif pour les destinataires.

— Sur le plan général, en étant un *relais efficace* entre les organisateurs et les clients potentiels de la manifestation, en diffusant les matériels publicitaires transmis : affichettes, adhésifs et informations de tous ordres qui peuvent être des vecteurs intéressants.

8. - INFORMATION DES MÉDIAS

Certains organisateurs, nous l'avons dit, réalisent un dossier de presse. Pour le mettre au point, ils sont amenés à demander aux exposants de leur faire part du thème de leur présentation ainsi que des originalités de celles-ci et de la présence d'éventuelles innovations.

Nous engageons vivement les exposants à répondre le plus complètement possible à ce genre de demande. C'est en effet la possibilité offerte de profiter de l'image de marque de la manifestation pour bénéficier d'une large diffusion auprès des médias.

Ceci n'empêche nullement la réalisation d'un dossier de presse « Entreprise » comportant une fiche signalétique de cette dernière et mettant en valeur ses points forts sur les plans humain, technologique, commercial, sur la part du marché, le rayonnement.

Ce dernier document est à transmettre aux médias en fonction du secteur d'activité dans lequel l'entreprise a son action et, bien sûr, de la zone géographique couverte.

9. - ROLE ET FORMATION DU PERSONNEL DESTINÉ AU STAND

Le personnel affecté à la tenue du stand sera fonction de la dimension de ce dernier, certes, mais également de celle de l'entreprise elle-même et de ses moyens et objectifs. L'analyse des postes à pourvoir l'étant en fonction de la clientèle potentielle de la manifestation et des matériels, équipements et services proposés par l'entreprise.

Avant toute chose, il importe de désigner un *responsable de stand,* en principe un cadre de l'entreprise. Il sera investi de l'autorité sur l'ensemble du personnel mis à sa disposition. Il sera informé de l'étendue de ses responsabilités et également, par exemple, sur les délais de recevabilité de déclaration de sinistre, en cas de vol particulièrement.

Sur le plan de la formation, celle-ci est à étudier en fonction du personnel appelé à intervenir et de la spécificité de ce qui est présenté.

Les postes suivants peuvent être à pourvoir :

90. *Hôtesse d'accueil.*

Son rôle peut couvrir, en fonction de ce qui a été dit plus avant, de nombreux domaines :

— Accueillir évidemment les visiteurs — professionnels ou non —, les faire patienter en prenant leurs coordonnées, en leur distribuant de la documentation.

— Assurer la liaison entre la personne de l'entreprise habilitée à répondre aux questions posées et le visiteur.

— Prendre les communications téléphoniques, enregistrer les messages.

— Veiller au bon déroulement de tout ce qui se passe sur le stand. Elle doit être vigilante pour éviter que les groupes d'enfants ne prennent les documentations mises à la disposition du public.

— S'attacher à la bonne tenue du stand, à sa présentation.

— Aider au bon déroulement d'un jeu-concours dans la mesure où il y en a un d'organisé.

— Dans la mesure où il n'y a pas de bar sur le stand avec du personnel spécialisé, une de ses missions peut être de servir des rafraîchissements.

Compte tenu de l'importance de sa mission, qu'il s'agisse d'une personne de l'entreprise ou, à plus forte raison, extérieure à celle-ci, il est indispensable, pour assurer au mieux son intégration au stand, *de lui assurer une formation* qui aura pour objectif de bien fixer la politique de l'entreprise, de préciser ses structures — organigramme — et aussi de lui faire connaître l'étendue des interventions possibles de la société.

De nombreuses situations différentes les unes des autres pouvant se présenter tout au long d'une manifestation, il importe que l'hôtesse soit une personne ayant un bon esprit d'analyse et de synthèse. La rapidité de sa réflexion peut jouer pour *désamorcer* des situations qui pourraient être conflictuelles.

91. *Personnel commercial.*

Il est important avant tout de bien préciser les objectifs qui ont été fixés. Ensuite, dans la mesure où un *contrat foire* est mis au point, il y a intérêt à l'étudier avec précision, avant, avec les commerciaux.

De manière à éviter certains problèmes, une démarche doit être faite dès le départ. Il s'agit de déterminer, en fonction des contrats des commerciaux, comment seront répartis les contrats de vente, les commissions. Ceci évitera les conflits, les malentendus. Dans la mesure où le résultat revient au représentant du secteur d'origine du client ayant contracté sur le lieu de la manifestation, il est conseillé de prévoir une répartition de commissions pour créer une émulation. L'information sur ce plan devra être claire et transmise à tout le réseau.

Il semble important d'attirer l'attention des commerciaux sur le fait que passer deux ou trois heures — comme cela se voit parfois — avec un client, ou, plus grave, avec un prospect, pour établir un contrat, n'est pas forcément réaliste. *

* Ceci étant vrai en fonction de sa solvabilité, de son importance

D'où la nécessité de l'étude préalable de la *fiche d'entretien* qui permet rapidement de déceler l'intérêt du visiteur et d'établir un rendez-vous dans son entreprise en fonction du problème à traiter.

Agir ainsi peut éviter de cumuler, après la manifestation, des annulations et des impayés.

L'attention des exposants est attirée — dans la mesure où l'entreprise est obligée de s'attacher les services de vendeurs spécialisés, en ameublement par exemple — sur l'intérêt qu'il y a à prendre un minimum de renseignements sur leurs qualifications professionnelles, voire leur moralité. Certes, dans l'ensemble, ces vendeurs sont sérieux, mais comme le résultat immédiat seul compte pour eux, il y a un risque de problèmes avec des acheteurs et aussi avec les collègues exposants.

92. *Personnel de démonstration.*

En règle générale, les démonstrations sont réalisées par les technico-commerciaux. Cependant, dans la mesure où un personnel serait spécialisé pour les présentations — ce qui a pour intérêt de faire vivre le stand en l'animant — il y a lieu de prévoir un stage de formation pour au moins deux personnes. Cela même si la présence d'une seule est prévue, en cas de défaillance.

Il faut admettre qu'une bonne démonstration peut être un facteur positif dans le déroulement d'une vente, mais que, par contre, une démonstration loupée est sûrement une contre-publicité pour le sérieux même de la marque et une atteinte à l'image de marque de l'entreprise.

Il faut, au niveau des démonstrations, être *compétent, crédible.*

10. - IMPRIMÉS

100. *Prospectus.*

Il faut tout d'abord quantifier le nombre de prospectus à réaliser. Pour déterminer ce chiffre, on tiendra compte du potentiel de visiteurs attendus, des produits, équipements ou services présentés par l'entreprise, et de la diffusion que l'on veut en assurer.

Dans la mesure où l'entreprise participe à différentes manifestations, il est conseillé de réaliser des prospectus avec possibilité de repiquage du nom de chaque exposition.

Il faut s'attacher à la réalisation de prospectus clairs, précis, qui soient en relation avec l'image de marque de l'entreprise et du produit présenté. Il importe — même en apportant un maximum de détails — de faire en sorte qu'avant de s'engager, le client soit amené à reprendre contact avec l'entreprise au lieu de prendre une décision — surtout négative — en fonction des seuls éléments en sa possession.

101. *Catalogues.*

La destination du catalogue, la population visiteurs de la foire jouent sur le contenu, la qualité même du catalogue. Celui-ci devant être destiné plus particulièrement à des clients ou à des prospects avec qui le contact est déjà bien engagé : la notion de coût n'étant pas étrangère à cette politique.

101. *Tarifs.*

Dans la mesure où des tarifs spéciaux sont consentis pour une manifestation, il est important de procéder à l'impression d'un tarif, même très simple, indiquant clairement les conditions permettant d'en bénéficier ainsi que la durée, ceci pour éviter des réclamations, voire des contentieux ultérieurs. Une réglementation spécifique existant, il est conseillé d'en prendre connaissance pour ne pas se retrouver, en toute bonne foi, en porte-à-faux.

102. *Bons de commande.*

Nous conseillons d'envisager la réalisation de *contrats de vente foires.* L'étude de ce contrat-type pouvant se réaliser en relation avec son syndicat professionnel, les services des chambres de commerce et les associations de consommateurs. Une précaution à prendre avant de ce faire, est de voir si l'organisateur lui-même n'a pas mis au point un contrat-type.

Ce contrat comporte tous les renseignements sur les tarifs, les délais de livraison, le service après-vente, le délai de réflexion et mettra clairement en évidence les différences entre acompte et arrhes.

Le contrat de vente doit être étudié avec le personnel du stand pour qu'aucun engagement ne soit pris à la légère, ce qui aurait pour conséquence d'entraîner la responsabilité de l'entreprise.

103. *Fiches de visite.*

La fiche de visite, dont nous nous avons déjà dit l'intérêt qu'elle représentait devra être remplie par le personnel du stand, recueillant les informations suivantes :

— Date, heure, jour de visite ;

— Nom de la personne ayant traité le client, le prospect ;

— Nom de l'entreprise (visiteur) ;

— Adresse, numéro de téléphone de l'entreprise ;

— Nom de la personne ayant effectué la visite ;

— Qualité de cette personne, numéro de téléphone ;

— Indication de son intérêt pour tel ou tel produit ;

— Nom du décideur ;

— L'entreprise est-elle acheteuse ? Sous quel délai ?

— Faut-il lui rendre visite ? A quelle date ? Quelle heure ?

— Est-on en concurrence ? Quels concurrents ?

— Un contact a-t-il déjà été pris par le responsable du secteur ?

L'idéal est de préparer une fiche codifiée pour permettre un traitement ultérieur informatique, et faire en sorte que la personne du stand n'ait qu'un minimum d'intervention pour la remplir.

L'entretien une fois terminé, les fiches seront regroupées pour être analysées à l'issue de la manifestation.

Le poste *imprimés* dans le budget de participation à une foire étant assez lourd, il est bon, à partir du moment où l'analyse des besoins a été faite, de préparer des maquettes et de lancer des appels d'offres auprès de plusieurs imprimeurs, des différences importantes pouvent exister.

11. - PUBLICITÉ

La participation à une foire-exposition s'instituant dans le cadre de la politique de communication de l'entreprise, les opérations publicitaires doivent s'inscrire dans cet esprit et tenir compte des objectifs poursuivis, des produits, matériels ou services présentés et de la clientèle à laquelle on s'adresse, sans oublier, certes, le montant du budget dégagé pour cela.

Le fait de signer sa demande d'admission ne doit pas être le seul engagement de l'entreprise. Elle doit s'impliquer, nous le rappelons, plus largement. Inciter les clients potentiels à venir rendre visite sur le stand est très important, au même titre que souligner l'existence d'une promotion exceptionnelle, la présentation d'une innovation.

Pour y parvenir, tous les médias sont à envisager.

Cependant, entre en ligne de compte le rayonnement géographique de la manifestation à laquelle on participe. Pour une foire régionale, on peut considérer que la campagne à concevoir, pour obtenir un maximum d'efficacité, doit couvrir une zone de 100 à 150 kilomètres.

Sont donc à prévoir les supports *presse, affichage routier, radios locales, télévision régionale.*

L'organisateur dispose peut-être de matériels publicitaires qui peuvent être intégrés aux réalisations de l'entreprise. Dans le cas d'une foire à thème, l'existence d'un graphisme spécial repris par l'entreprise permet de maximaliser l'impact de ce dernier.

Informer le réseau commercial à temps de ce qui se fera sur le stand est une manière peu coûteuse d'assurer une promotion à sa participation.

12. - SPONSORISATION - ÉCHANGE PUBLICITAIRE

Si, dans le cadre d'une manifestation, l'opportunité se présente, en fonction des possibilités de l'entreprise, de son activité, de s'associer à l'organisation par le prêt de matériels ou la mise en place d'un service spécifique, elle doit être étudiée avec beaucoup d'intérêt.

C'est une manière supplémentaire de démultiplier ses présentations, de s'intégrer mieux à la manifestation et ainsi d'augmenter son impact en bénéficiant, à peu de frais, d'une contrepartie publicitaire : mise en place du logo de l'entreprise dans les encarts publicitaires presse, par exemple.

13. - DÉMARCHES ADMINISTRATIVES - TRANSPORTS - DIVERS

130. *Affichage des prix.*

La réglementation fait obligation aux exposants d'afficher leurs prix d'une façon visible. Ceci devant être fait dès le début de la manifestation, il est conseillé de prévoir l'étiquetage avant le départ des marchandises pour ne pas se trouver en contravention.

131. *Douanes.*

En cas d'importation de marchandises, de matériels, il est conseillé de se rapprocher des services des douanes ou de la chambre de commerce pour éviter des retards de livraison ou même un blocage à l'arrivée dûs aux formalités administratives.

132. *Transports.*

Dans la mesure où les transports ne sont pas assurés par l'entreprise elle-même, il y a lieu :

— de faire un inventaire complet, précis de ce qui est à expédier et de numéroter les caisses d'expédition (exemple : s'il y a vingt caisses, les numéroter de la façon suivante : 1/20, 2/20, 3/20...), ce qui permet un contrôle facile à l'arrivée.

Il faut, de toute manière, faire un listing de tous les éléments composant l'expédition ;

— de prendre contact avec un transporteur pour s'assurer des délais à respecter de manière à coordonner les jours et heures d'arrivée avec la présence d'un responsable de l'entreprise.

Des problèmes naissent du non-respect de cette précaution et des vols, souvent, s'ensuivent.

Sur le plan du stockage et dans la mesure où l'organisateur ne dispose pas de lieu où entreposer les emballages vides, il est nécessaire de prendre contact avec le transporteur pour connaître ses possibilités de jouer les « garde-caisses ».

Une sage précaution est de remettre au responsable du stand une liste complète de tout ce qui composera l'exposition : machines et matériels, avec leurs numéros d'immatriculation. Ceci pourra, le cas échéant, être utile en cas de vol par exemple et au moment du démontage.

14. - HÉBERGEMENT - RÉSERVATIONS

L'opération initiale consiste à déterminer quel personnel sera appelé à participer aux opérations de montage du stand. Ensuite, on s'attachera à établir un planning des permanences à assurer en prenant garde de ne pas oublier, si leur présence se justifie à un moment ou à un autre, la présence de techniciens, de commerciaux, de cadres à l'occasion d'un temps fort de la manifestation. En effet, un oubli serait de nature à amener ces personnes à rencontrer de grosses difficultés d'hébergement lors de leur venue.

Il est prudent de demander à l'organisateur un pré-programme. Par ailleurs, s'il ne vous l'a pas transmise systématiquement, il faut lui réclamer la liste des hôtels et restaurants de la région en lui demandant que vous soient indiqués ceux qui sont les plus proches du parc d'exposition, les plus accueillants, les meilleures tables avec les tarifs correspondants. Ainsi serez-vous en mesure de vous organiser en fonction de vos préoccupations, de vos souhaits et de vos moyens budgétaires.

Il ne faut pas oublier les possibilités, nombreuses et intéressantes, offertes par les Gîtes ruraux sur l'ensemble de la France, cela autant sur le plan de l'accueil, du confort que sur celui des prix.

Du fait de l'afflux de population important lors d'une foire-exposition, il y a lieu de prendre ses précautions assez longtemps à l'avance ; cela aura au moins pour mérite de vous conserver les possibilités de choix.

15. - LE STAND

En posant le problème du stand, un aspect des choses qu'il faut avoir en tête, est que le coût de celui-ci seul est relativement peu important en regard de l'investissement total représenté par une participation.

Plusieurs solutions peuvent se présenter à l'exposant :

— L'achat d'un stand modulaire ;

— La réalisation d'un stand réalisé par un créateur et utilisé une seule fois, le décorateur reprenant ensuite l'ensemble des éléments entrant dans la réalisation ;

— L'acquisition d'un stand réalisé par un créateur et réutilisable.

La conception du stand est, à notre avis, du ressort de professionnels de la communication et ceci quel que soit l'objectif de la participation. Il faut en effet *faire passer un message* qui participe à l'image de l'entreprise. Avant de choisir une option, et cela quelle que soit celle-ci, il faut tenir compte des paramètres suivants :

— L'importance du budget à engager.

— Le nombre de manifestations auxquelles l'entreprise entend participer, et cela en précisant dans quelles zones géographiques, de manière à ne pas perdre de vue les problèmes nés du transport, du stockage, de la mise en place, de l'entretien, de l'emballage.

— L'image existante ou souhaitée de l'entreprise.

— Les contraintes techniques, de sécurité de l'organisateur.

— Importance de la surface louée, de son emplacement, de l'existence ou non d'angles.

Sur ce point, il est en effet regrettable de voir des exposants disposant d'un stand avec angle, mettre en place des cloisons faisant perdre tout l'intérêt d'une telle disposition.

— Les mobiliers à mettre en place sur le stand : nombre et destination des bureaux, banques d'accueil, audio-visuel, armoire de rangement, bar, sièges...

— Les matériels, équipements qui seront présentés.

Sur ce dernier point, certains exposants veulent tout présenter, tout démontrer. Une sélection énergique, judicieuse s'impose qui allégera la présentation et donnera un stand plus dépouillé, des résultats plus probants, une plus grande efficacité. Une première sélection réalisée au sein même de l'entreprise permet d'obtenir une meilleure adhésion du personnel à la participation.

Il faut avoir à l'esprit la difficulté — en général — du public de projeter, à partir d'un seul élément présenté sur un stand, l'intégration de celui-ci dans son propre environnement, son propre cadre de vie — dans l'ameublement, par exemple. D'où la nécessité de créer une ambiance, un ensemble, plutôt que de présenter des éléments disparates et trop nombreux. Agir comme cela a un autre avantage : celui de réduire les besoins en surface et, par voie de conséquence, les budgets.

En dehors des éléments précités, peuvent être pris en considération :

— La possibilité de s'adapter au thème de la manifestation à laquelle on veut participer, cela au niveau de la décoration ;

— La possibilité de mettre un élément ancien propre à son activité en place dans le stand. Une machine ancienne sera de nature à provoquer l'intérêt du public.

Avant de voir, point par point, les différents éléments à valoriser sur un stand, on peut estimer, au niveau de la structure générale, être en présence de trois solutions :

Stand économique.

De nombreux exposants, peu soucieux ou peu conscients de la recherche de l'amélioration ou de la sauvegarde même de leur image, mettent en place, à la hâte, au dernier moment, un morceau de toile de jute sur les cloisons et un morceau de moquette — parfois défraîchie — sur le sol.

A ce seul niveau pourtant, l'acquisition de dalles de moquette permet d'amortir sur plusieurs manifestations le coût d'achat, en ayant toujours une présentation impeccable du fait de la possibilité de remplacement des dalles abîmées, brûlées par les cigarettes éventuellement.

Stand décorateur.

Au niveau de la structure, de l'esthétique, confier la conception, la réalisation à un spécialiste permet d'avoir beaucoup de satisfaction, le projet répondant aux souhaits de l'entreprise car réalisé en fonction des objectifs, des directives et des budgets prévus. Une maquette, par ailleurs, permet de visualiser le projet avant sa réalisation définitive.

Le coût peut être assez important, mais, dans la mesure où le décorateur récupère la matière première, une précaution à prendre est de ne pas se trouver devant une facture identique à celle qu'on aurait si le stand devenait notre propriété.

Stand modulaire.

De nombreux fabricants proposent des matériels dont les avantages sont la souplesse d'utilisation, le faible poids en général, la facilité de montage et de démontage, le côté esthétique, la gamme étendue de coloris des revêtements, l'adaptation évolutive facile à toutes les structures de base en fonction des modules disponibles.

Un inconvénient est parfois la fragilité du matériel. Ceci est sans doute vrai, mais on peut y pallier par la possibilité d'acquérir des éléments séparés. Si le coût du matériel est parfois important, cette solution offre cependant de très nombreux avantages qui nous amènent à la conseiller dans un très grand nombre de cas.

150. - *Dispositions générales à respecter*

Un principe à retenir est de ne pas réaliser un stand pour *se faire plaisir* mais pour être :

— une incitation à la visite, au contact ;

— un élément de la politique de communication de l'entreprise ;

— un élément de la stratégie d'image de marque ;

— agréable, accueillant.

Pour ce faire, en tenant toujours compte des objectifs fixés, il faut toujours avoir présents à l'esprit certains principes qui, en fait, doivent servir également de paramètres dans l'organisation du stand.

Géographie du stand. - Distribution.

La manière de visiter une foire-exposition et d'appréhender un stand répond à certaines habitudes, à certaines notions d'ordre psychologique. Il ne fait pas de doute qu'il y a des différences dans cette approche selon qu'il s'agit, par rapport à une entreprise, d'un client ou d'un prospect.

Le client se dirige plus facilement vers un stand qui lui est connu, qu'il identifie tout de suite.

Le prospect, quant à lui, peut être à la recherche d'un produit, d'un service particulier et son attention vers un stand se fera en fonction de l'adéquation entre sa propre recherche et l'identification d'un stand et la possibilité de trouver une réponse à son attente. L'important est donc bien de se préoccuper des meilleures conditions possibles pour faciliter ce contact. Aussi, après le coup d'œil d'ensemble qui doit être *accrocheur,* un aspect à mettre en valeur est l'identification du stand.

Identification du stand. - Signalétique.

En respectant la réglementation de l'organisateur, il faut, autant que cela puisse se faire, mettre en place une enseigne — lumineuse dans l'idéal — qui soit visible d'où que l'on vienne, de préférence au-dessus du stand, et cela sans gêne pour les voisins.

Il faut impérativement — si l'on a un graphisme particulier et des couleurs spécifiques — respecter ces derniers pour prolonger la politique d'image de marque.

L'enseigne devant s'intégrer à l'ensemble du stand, elle doit donc être étudiée dans le cadre général de l'élaboration de ce dernier pour éviter qu'elle prenne trop de place ou, au contraire, soit invisible.

Accueil.

L'accueil est un des éléments importants du stand, primordial pourrait-on dire. Il doit être situé dans un endroit de grand passage, sans toutefois prendre le caractère d'*obligation de passage* — tel un poste de péage par exemple. L'utilisation des plantes vertes permet d'agrémenter l'accès, de guider les visiteurs.

Il faut s'attacher à ne pas créer de zones *bouchons,* à ne pas bloquer l'entrée du stand. L'accueil devant toujours être approvisionné en documentations, en prospectus, il est bon que le coin rangement soit situé dans le même périmètre. Ceci offre en plus la possibilité de ranger les vêtements et bagages légers des collaborateurs et de certains clients. Par ailleurs, de manière à pouvoir, le soir, ranger certains matériels fragiles ou précieux, il est important que le coin rangement puisse fermer à clé.

Les passages.

L'idée motrice, en fonction de ce que l'entreprise a déterminé d'exposer, est de disposer d'espaces assez larges qui aient pour objectif de diriger les visiteurs, de les canaliser, cela pour leur permettre de découvrir tout ce que l'on veut présenter.

Eclairage.

Il faut tout d'abord, en dehors de la puissance nécessaire pour

alimenter les machines et autres équipements, quantifier celle nécessaire pour commander éventuellement un compteur adapté à l'organisateur. Pour des raisons de sécurité, il est conseillé d'envisager la mise en place d'un tableau général individuel.
Sur le plan de l'éclairage, la majorité des halls d'exposition étant souvent très clairs, celui-ci doit être conçu :

— comme un élément de valorisation de l'ensemble du stand et de certains éléments, matériels ou équipements grâce à l'utilisation de spots directionnels ;

— en tenant compte des couleurs de base du stand, cela pour ne pas tuer l'effet initial recherché ;

— pour créer une ambiance, une harmonie ;

— de manière à éviter, ce qui est difficilement supportable durant toute la durée d'une foire-exposition, un dégagement de chaleur trop important.

Couleurs.

L'idée de base est de créer une ambiance propice, une harmonie. Mieux vaut donc éviter l'utilisation de couleurs trop vives, trop crues. Il faut également tenir compte des produits présentés. Les couleurs utilisées peuvent être différentes, selon qu'il s'agisse de présenter de l'agro-alimentaire, de la micro-informatique ou un produit industriel. Dans la mesure du possible, en fonction de ce qui précède, il faut reprendre les couleurs de l'entreprise, ce qui renforce l'image de marque et permet à la clientèle de visualiser rapidement le stand et de l'identifier.

Photos. - Textes.

Il est bon d'intégrer des photos dans un stand, mais en évitant toutefois qu'il y en ait trop. Dans ce domaine aussi, une sélection s'impose. Il ne faut pas hésiter à procéder à des agrandissements importants de certains clichés particulièrement marquants.

Sur le plan des textes, après avoir déterminé ce que l'on souhaite passer comme message, un travail important est à réaliser.

Il s'agit d'arrêter, soit au sein de l'entreprise, soit en confiant cette mission à une agence spécialisée, des textes *concis, clairs* et surtout *lisibles* pour qu'ils soient *déchiffrables* à une mètre par n'importe quel visiteur.

Si d'autres informations sont à communiquer, il faut prévoir des fiches, des notices, un programme audio-visuel, un vidéo disque.

En effet, beaucoup de stands sont trop denses en information et ne remplissent pas leur rôle de communication : il faudrait être Champollion pour les décrypter...

La hauteur à laquelle les textes doivent être disposés doit se situer au minimum de 1,20 mètre du sol. Il faut éviter que les visiteurs aient à se baisser pour en prendre connaissance. La partie inférieure du stand pouvant être utilisée pour la mise en place de posters, de photos ou d'objets.

Audio-visuels.

Il est intéressant de prévoir un emplacement spécial pour la présentation d'audio-visuels, ceci pour éviter les problèmes de trop grande luminosité, de bruit qui gêne l'environnement et ne rend pas audibles les commentaires par les personnes intéressées.

Sur le plan de la durée, les sujets ne doivent pas excéder douze à treize minutes, temps maximum d'intérêt possible de la part des visiteurs.

Il est important, comme pour les animations, de programmer à heures fixes les passages et d'en prévoir l'information auprès du public, soit à l'aide d'un tableau placé à l'entrée du stand, soit en transmettant cette information à l'organisation, qui se chargera de la diffuser.

Animations.

Il y a tout d'abord lieu d'étudier si, à l'intérieur de l'entreprise, existe ou non la possibilité de prendre appui sur un procédé technique pour faire des démonstrations et créer une animation.

En cas d'impossibilité, on peut faire appel à une agence spécialisée qui pourra présenter un catalogue des animations pouvant s'adapter à l'image de marque de l'entreprise, se rapprocher du thème de la manifestation ou créer un événement.

L'organisation d'un concours faisant intervenir, soit des enfants, soit des adultes, peut entraîner un grand flux de visiteurs vers le stand.

Certains principes sont à retenir pour l'organisation de jeux-concours :

— Tout d'abord, trouver un thème qui ait un rapport avec celui général de la manifestation ;

— S'attacher à l'ouvrir au plus grand nombre, l'objectif étant d'amener sur le stand un maximum de visiteurs ;

— Trouver une formule *simple,* non rebutante, qui permette aux participants de trouver la solution sur le stand même ;

— Faire en sorte qu'il y ait un gagnant chaque jour et qu'un super-gagnant soit couronné à la fin de la manifestation ;

— Déterminer les gagnants en présence d'un huissier en sortant de l'urne les coupons-réponses. Le premier sorti comportant toutes les bonnes réponses sera considéré comme le gagnant. Si l'on a prévu plusieurs gagnants, il faut reprendre la même formule.

L'information concernant l'organisation d'un concours doit se faire soit :

— par voie de presse,

— par mailing,

— par affichage sur le stand lui-même.

Bar.

Dans la mesure où il est décidé d'organiser un bar, la première chose est de désigner un responsable. Cela de manière à éviter les abus et surtout de voir *en permanence* les mêmes invités — parfois des voisins de stand — se servir, ce qui devient vite préjudiciable à l'image de l'entreprise. Une bonne formule est de rendre le bar le plus discret possible. Il faut, dans la mesure où il existe, faire attention aux approvisionnements en quantité mais aussi en genre de produits. Il faut avoir en tête le fait que certaines firmes généreuses en champagne, par exemple, ont eu un retour négatif de leur clientèle, regrettant que cette abondance se soit faite au détriment *d'efforts à leur endroit* par la firme sur le plan des conditions tarifaires, par exemple. Réflexe simpliste, il est vrai, mais auquel il faut prendre garde.

Recommandation.

Ayant fait le tour de l'ensemble des problèmes à résoudre avant la manifestation, il semble bon de conseiller de prévoir la mise en place *en réel* du stand dans une pièce, et de préparer des fiches de montage avec indication du contenu de chaque panneau, de chaque vitrine, de chaque zone du stand. C'est une bonne manière d'éviter de grosses surprises lors du montage.

16. - ACTION DURANT LA MANIFESTATION

En dehors de ce qui précède et s'applique également au déroulement même de la manifestation, il est important de souligner quelques règles supplémentaires.

Tout d'abord, faire en sorte que le stand soit ouvert au public aux heures prévues par l'organisateur. A noter qu'un stand vide de tout occupant à l'ouverture est un manque de courtoisie et de sérieux par rapport aux premiers visiteurs et à ses voisins immédiats.

Le règlement intérieur de la manifestation rappelle les règles à respecter en ce domaine.

Un stand toujours impeccable sur le plan de la présentation, de la propreté donne une image positive de l'entreprise. *

Les personnes présentes sur le stand doivent toujours avoir une attitude *dynamique, tonique.* Est à proscrire totalement, même en cas de faible fréquentation, la lecture ostensible du journal ou, pire, la partie de cartes avec les voisins...

Coller au plus près de ce qui est événementiel dans le déroulement du programme des journées de la foire est la possibilité offerte d'augmenter sa notoriété, de réaliser à peu de frais des opérations de relations publiques, d'où l'intérêt qu'il y a à se rapprocher en permanence des organisateurs.

Photothèque.

Il est remarquable de constater le nombre d'entreprises démunies de photos propres à valoriser leurs produits, leur organisation. Cette carence se fait particulièrement sentir lors de la demande émanant de revues techniques, d'hebdomadaires ou de journaux spécialisés.

Il faut considérer la photographie d'entreprise comme un *investissement* et la traiter comme telle : dans ce domaine comme dans beaucoup d'autres, la bonne volonté ne suffit pas. C'est une affaire de professionnel.

En ce qui concerne la participation à une foire-exposition, on se fixera comme objectif — après l'avoir budgété — de réunir quelques photos générales du stand, bien sûr, mais aussi de réaliser un reportage comportant des photos prises lors de la visite de personnalités du monde économique, politique de la région, de commerciaux de l'entreprise.

Il ne faut pas oublier de photographier les matériels et équipements présentés et de prévoir des tirages de diapositives qui pourront être intégrées à de futurs montages vidéo.

---

* Une note personnelle et toute de fraîcheur pourra être apportée au stand : il s'agit de la mise en place d'une composition florale ou d'un bouquet qui apportera couleurs et odeurs, éléments très appréciés par les visiteurs.

17. - ACTION A LA FIN D'UNE MANIFESTATION

Démontage.

La majorité des vols ayant lieu à la fin des manifestations, au moment du démontage, il importe de prévoir la dépose en priorité de certains éléments du stand et de les mettre à l'abri : spots, vidéo, micro-ordinateurs, bouteilles (pleines...), postes téléphoniques, plantes vertes.

Dans cet esprit, il est utile de mettre en garde le personnel présent à ce moment-là sur les risques courus et peut-être, en fonction des besoins, de prévoir un personnel d'appoint pour la remise en caisses. S'il n'est pas possible de faire procéder à l'enlèvement des caisses le soir même, il est prudent de les regrouper au centre du stand.

Documentations. - Prospectus.

Selon qu'il s'agit ou non de documentation spécifique à la manifestation, le coût de réalisation engage à la récupération de ces documents. Cela en dehors de l'interprétation qui pourrait être donnée au fait de laisser une quantité importante de documentation sur place.

Fiches de renseignements.

Le responsable du stand aura reçu toutes les instructions concernant la récupération des fiches de renseignements, ceci pour éviter la perte d'informations confidentielles et permettre un traitement rapide des données.

18. - ACTION APRÈS LA MANIFESTATION

Matériels. - Equipements.

Il faut assurer la remise en état des matériels exposés ou ayant servi aux démonstrations. Dans la mesure où la structure même d'exposition aurait subi des dommages, il ne faut pas attendre une nouvelle manifestation pour procéder aux réparations, aux remplacements d'éléments.

Contrats.

L'analyse des contrats doit être rapidement traités pour permettre de déterminer :

— le chiffre d'affaires total réalisé par produit, en localisant celui-ci par zones commerciales, et l'affecter aux commerciaux intéressés ;

— les lancements de fabrications, de commandes auprès des fournisseurs.

Fiches entretien.

En ce qui concerne les fiches d'entretien, il faut procéder à une analyse complète de ces dernières pour dégager :

— le nombre de contacts valables,

— le nombre de clients, de prospects,

— les dates des visites souhaitées pour en aviser les personnes intéressées,

— les problèmes commerciaux, techniques, administratifs exposés par les visiteurs.

Il y a lieu ensuite :

— d'affecter aux différents services les problèmes posés,

— de transmettre aux commerciaux les informations concernant leur secteur,

— de porter au fichier les renseignements recueillis.

On peut, grâce à cette analyse, déterminer, en dehors des points positifs qu'il est toujours agréable de voir confirmés, les points négatifs concernant :

— les relations clients-entreprise sur le plan des courriers, des contacts téléphoniques, réseau commercial, livraisons, expéditions, service après-vente ;

— les produits, les services, cela grâce à la fréquence de retour d'une même remarque.

La synthèse des éléments précités permettra de mettre en place les améliorations à apporter et de coller plus étroitement encore aux souhaits des clients.

Rapport de synthèse.

Après la manifestation, il est important de réaliser un rapport complet et de le transmettre aux cadres de l'entreprise et aux responsables du stand.

Courrier de confirmation.

Il faut, pour toutes les commandes enregistrées, prévoir un courrier de confirmation contenant les conditions accordées, les délais de livraison, de règlement et, bien sûr, la désignation complète de la commande.

Cependant, avant de le faire pour les ordres pris pour des matériels ou des équipements importants à des clients nouveaux, il est bon de procéder à une enquête bancaire, soit auprès d'un organisme spécialisé, soit auprès de sa propre banque.

Courrier de remerciements.

Ce courrier aura pour objectif de démontrer au client, au prospect, l'intérêt que l'on a porté à sa visite, de lui rappeler les services de l'entreprise, de lui donner le nom du concessionnaire, de l'agent, du commercial ou du technicien de son secteur.

Press Book.

Pour se rendre compte de l'impact de l'exposition auprès des médias, il est intéressant de regrouper tous les articles portant sur elle et plus particulièrement — si l'entreprise a eu la chance d'avoir des échos quant à sa participation — sur tout ce qui touche à l'entreprise.

Chapitre 7

Les salons spécialisés

Dans la première partie de l'ouvrage, nous avons traité plus particulièrement de la participation à une foire exposition.

Nous aborderons maintenant les points plus spécifiques concernant la participation à un salon.

Il nous faut tout d'abord évoquer les différences fondamentales entre ces deux genres de manifestations.

La foire exposition a pour objectif de présenter au grand public les produits les plus divers et de différents secteurs d'activités alors que le salon est le lieu de présentation d'une profession, d'une branche d'activités, d'une ligne de produits et ce, à une clientèle de professionnels.

Parfois cependant, certains salons thématiques regroupent des activités différentes mais ayant la même cible (EQUIP'VILLE) ou accueillent du grand public (Salon du livre - Salon Nautique).

En dehors de quelques exceptions, la grande majorité des salons est localisée à Paris.

Au niveau de la classification, on distingue : *

— « *Les salons spécialisés régionaux* qui attirent en priorité les exposants

* Fédération Francaise des Salons Spécialisés

et visiteurs d'une région. Il en est ainsi des vingt cinq salons régionaux de l'automobile, par exemple.

— *Les salons spécialisés nationaux* qui acceptent pour exposants des constructeurs, des producteurs ou fabricants nationaux, des importateurs, distributeurs ou revendeurs exclusifs pour le territoire national.

— *Les salons spécialisés internationaux* qui accueillent, en plus, des exposants et des visiteurs étrangers et répondent à des critères de nombre de participants dans les deux catégories. »

Le phénomène le plus remarquable de ces dernières années, au niveau de ce genre de manifestation économique, est la prolifération un peu anarchique de nouveaux salons en tous genres.

Cela tient sans doute à de nombreuses raisons.

Tout d'abord, la véritable révolution technologique connue au cours de ces dix dernières années et qui a amené la création de produits de plus en plus sophistiqués.

Dans le même temps, l'explosion de la communication qui a eu pour conséquence la création de sociétés ayant pour vocation la mise sur pieds d'événements.

Il s'en est suivi un certain désordre, et si normalement les salons ont pour obligation de solliciter une autorisation du Ministère (avant même d'envisager une demande d'agrément), certains organisateurs sont restés en dehors de cette réglementation. *

1. - PARTICIPATION A UN SALON

Certains salons sont devenus de véritables institutions. Soutenus, voire même organisés par la Chambre Syndicale d'une profession, ils correspondent réellement à un besoin, évoluent en fonction des changements intervenants dans l'activité concernée : ils collent parfaitement à une réalité économique. Dans cet esprit, on peut citer le S.I.A.L., le Salon du Livre, le Salon Nautique de Paris, EQUIP'HOTEL, SITEVI à Montpellier...

L'accès à ces manifestations est souvent difficile, les listes d'attente étant très chargées. Faire prévaloir une technologie de pointe, un procédé révolutionnaire peut aider à une acceptation plus rapide du dossier d'admission.

---

* J.O. du 3 mai 1984. Voir en annexe.

A côté de cela, il y a tous les salons *spontanés* dont certains méritent intérêt, mais dont de nombreux ne correspondent à aucune attente.

Crées parfois dans un hôtel de renom, leur existence est souvent éphémère et coûteuse pour l'exposant comme pour l'organisateur. De plus, ils portent une ombre fâcheuse sur la valeur de l'ensemble des autres organisations.

Aussi, avant de donner son adhésion pour une participation, est-il sage de prendre certaines précautions :

— savoir qui est l'organisateur du projet : si c'est un professionnel, si le salon est autorisé...

— savoir si le salon bénéficie du soutien de la profession ;

— connaître la nomenclature exacte du salon

— connaître la cible exacte du salon

— connaître le plan de communication mis en place pour attirer les professionnels concernés.

— connaître la valeur du site choisi quant à sa situation, ses accès. Avoir des assurances quant à ces points, sans être un gage de réussite, est une précaution élémentaire.

2. - LES RESPONSABILITES DE L'ORGANISATEUR

En dehors de l'obligation pour l'organisateur d'être représentatif, de collaborer étroitement avec les structures professionnelles, d'autres éléments sont à prendre en considération :

— la sélection même des exposants, de manière à avoir une représentation bien équilibrée et qui corresponde réellement à l'état du *tissu technologique* du secteur d'activité présenté. La présence de trop nombreuses sociétés ayant des problèmes nés de gammes de produits en cours d'obsolescence, entraîne une dépréciation du niveau de qualité de la manifestation, son propre vieillissement et peut-être, à terme, sa propre remise en cause.

— la recherche d'innovations marquantes. Une démarche intéressante est la création d'un *Prix de l'innovation* dans le cadre du SIAL, qui amène un plus à la manifestation en créant un esprit très positif d'émulation.

— la volonté de dialogue avec les exposants et les candidats exposants. Ceci valant entre autres, lors de l'attribution des emplacements souvent laissée au seul discernement de l'organisateur lorsque l'autorité morale n'est pas une Chambre Professionnelle. Ceci peut avoir, avec le temps, une incidence sur l'existence même du salon, dans sa forme tout au moins : une partie des exposants se sentant traités avec trop peu d'égards peut être amenée à se solidariser et à se regrouper, dans un même segment d'activité, et créer dans un autre espace, une autre manifestation. Une telle attitude est préjudiciable au salon, certes, mais également à toute la profession.

— l'organisation de l'espace. Encore trop de salons, souvent il est vrai, du fait de l'architecture des structures d'accueil, ne font pas l'effort nécessaire sur ce plan : une disposition géométrique, ayant surtout pour objectif de *caser* le plus grand nombre d'exposants, est la seule recherche. Ceci amène le visiteur à *subir* la découverte des présentations en fonction des seuls flux de la foule. Il ne maîtrise pas sa propre démarche et la qualité de sa visite s'en ressent. Cet aspect négatif a une double incidence : sur les exposants - en fonction de leur emplacement et de l'importance de leur stand, mais aussi donc, sur les visiteurs qui ne peuvent avoir une approche efficace du salon, la saturation les gagnant assez rapidement.

— la signalisation qui est considérée par les exposants comme un élément très important et doit être traitée comme un outil de communication à part entière.

— le plan de communication qui permettra aux exposants de trouver des interlocuteurs en nombre et en qualité qui correspondent à ce qu'ils souhaitent, à ce qui était prévu.

— l'écoute des visiteurs pour connaître leurs souhaits, leurs remarques et faire que le salon réponde à leur attente.

3. - LES RAISONS D'UNE PARTICIPATION A UN SALON

L'intérêt de la participation à un salon est manifeste, du fait de la concentration en un même lieu, à un même moment :

— de tous les professionnels les plus représentatifs d'un même secteur d'activité, français et étrangers.

— de matériels, d'équipements, de produits de pointe, de haute technologie, de produits de consommations, de services.

Les raisons en sont nombreuses :

— pour présenter de nouveaux produits et ainsi réaliser à un moindre coût une véritable *étude de marché.* L'exposant apporte une information aux visiteurs professionnels, ceux-ci en retour expriment leurs remarques, leurs suggestions. Ainsi en un temps très bref - et pour peu que cela *ait été bien préparé* - peut-on mesurer la richesse des enseignements recueillis sur le plan des critiques, de l'adaptation des services apportés par rapport aux besoins réels des consommateurs, aux prix d'acceptation. Les informations collectées sont encore plus fiables du fait du contact direct, *sans filtre,* que l'on a avec les clients et les potentiels.

Ainsi pour un produit nouveau, sera-t-on amené à le modifier, à le mettre en production ou tout simplement à renoncer à l'intégrer à une gamme. On maximise ainsi les chances de succès et ce, pour un coût moindre.

De plus, la présence de la presse aide au lancement, avec une plus grande efficacité, d'une innovation, en créant un événement ; une présentation, par exemple dans le cours d'un journal télévisé ou d'un magazine, a des conséquences inappréciables.

— pour rencontrer des collègues et entreprendre de fructueux contacts professionnels. Il est facile, dans un salon, de prendre connaissance du *savoir-faire* de chacun, de trouver des opportunités de collaboration, de sous-traitance, mais également de réaliser des opérations de *maillage d'entreprises.*
« Il est fréquent aussi que des fabricants trouvent des fournisseurs parmi les autres exposants d'un salon auquel ils participent : « J'ai rencontré au salon du KIT et du prêt-à-emporter pour l'habitat, des fournisseurs de bois canadiens » explique par exemple le responsable de la Société Schneider, productrice de meubles. » *

— du fait de l'organisation de tables rondes entre spécialistes, qui permettent de se voir confirmé ou infirmé dans les tendances d'évolutions du marché, de l'environnement, il est possible de préparer avec une meilleure marge de sécurité le devenir de sa société.

— Les salons offrent une clientèle ciblée de professionnels, utilisateurs, prestataires et également distributeurs. Ceci valant bien sûr pour les biens de consommations, on est en présence d'un vaste réseau qu'il est donc facile de prospecter en peu de temps et de trouver de nouvelles implantations dans des zones géographiques où un réseau commercial est en cours de création. Ceci vaut également pour la prospection de clients étrangers.

C'est ainsi une aide indéniable qui est apportée aux grandes, mais aussi aux petites et moyennes entreprises. Elles ont en effet

* Fédération Françaises des Salons Spécialisés

la possibilité de percer très rapidement sur un produit, de découvrir de nouveaux débouchés, de lancer un nouveau produit.

— du fait qu'elle permet de réaliser des opérations de communication institutionnelle qui aident, à terme, le recrutement de cadres de haut niveau, ou facilitent une introduction en bourse.

4. - NON-PARTICIPATION A UN SALON

Les raisons évoquées ci-dessus précisent pourquoi il est important de participer, pour une société n'ayant jamais exposé.

La participation à un salon est à considérer, nous l'avons dit plus avant, comme un investissement. Il arrive parfois, compte tenu d'une conjoncture difficile, qu'une entreprise soit amenée à réduire ses budgets et remette en cause une participation à un salon auquel elle est habituellement présente.

Nous pensons qu'une telle décision est préjudiciable. C'est pourquoi nous jugeons utile de conseiller de réduire éventuellement la présence, mais surtout de ne pas la supprimer complètement.

Dans le cas d'une décision de retrait, on peut noter quelques conséquences éventuelles :

— atteinte à l'image de l'entreprise : le retrait est perçu comme la confirmation de difficultés importantes (et souvent amplifiées). Cela peut entraîner une perte de confiance de la clientèle, d'autant que la concurrence ne manquera pas d'exploiter l'absence par une action commerciale encore plus dynamique.

— il y aura obligation pour compenser, pour justifier l'absence, de mettre en place un plan de communication qui pourra s'avérer très coûteux pour un résultat qui ne sera peut-être pas à la mesure des efforts consentis.

— cela peut-être de nature à provoquer une inquiétude dans le personnel qui, à travers les précédentes participations, avait pu mesurer les répercussions bénéfiques sur la santé de l'entreprise, sur son chiffre d'affaires, sur sa notoriété.

— cette même réaction peut exister chez les fournisseurs et risque d'entamer leur capital confiance.

— le dernier risque, dans la mesure où après une absence de cet ordre l'entreprise souhaite réintégrer le salon, est de ne pouvoir y accéder qu'après une longue attente ou de ne retrouver qu'un emplacement peu attractif, mal situé.

Toutes ces raisons doivent être étudiées pour bien prendre la mesure d'une décision de non-participation.

5. - COMMENT PARTICIPER

Dans son ensemble, l'approche d'une participation à un salon ressemble en de nombreux points à celle d'une foire-exposition.

Certains points doivent cependant être traités d'une manière spécifique.

Action avant la manifestation

Dossier d'admission

A partir du moment où la décision est prise de participer, le premier problème à régler est celui d'être accepté comme exposant. Il y a donc, en fonction de la date de décision, urgence à entrer en possession du dossier d'admission, à le remplir le plus correctement possible et à le remettre à l'organisateur. Il y aura sans doute lieu - en cas de mise sur liste d'attente - d'entrer en contact direct avec celui-ci, et éventuellement, de se faire appuyer par sa chambre syndicale professionnelle.

Electricité : Quelle est la prestation offerte par l'organisateur ? Quelle puissance est-il possible d'avoir ? y-a-t-il, si nécessaire, la force ? de combien de spots dispose-t-on si ceux-ci sont fournis ? une tension régulière est-elle garantie ? (matériels informatiques, équipements de précision)

Montage : Il est bon également d'avoir toutes les précisions concernant les conditions d'accès pour le montage du stand. A Paris par exemple, les salons se succèdent avec souvent très peu de temps morts : une manifestation est en période de démontage alors qu'une autre se prépare.

Quel jour et à quelle heure doit-on accéder au stand ? Faut-il prévoir du matériel de levage ?

Hébergement : Plus encore que pour une foire exposition et dans la mesure où, comme nous l'avons vu, la grande majorité des salons se déroule dans la capitale ou dans les grandes métropoles, il y a lieu de prévoir très tôt l'hébergement des personnes devant participer au salon. Il n'est pas rare de voir certaines entreprises retenir d'une année sur l'autre les chambres nécessaires. Il ne faut pas oublier que plusieurs salons peuvent se dérouler en même temps et provoquer ainsi une surcharge hôtelière.

Attribution de l'emplacement : Nous avons vu que ce point pouvait être assez sensible dans la mesure où la décision est souvent prise par l'organisateur seul.

Nous conseillons d'entamer le dialogue avec celui-ci en émettant un certain nombre de paramètres qui ne seront peut-être pas tous respectés - ce qui est effectivement parfois très difficile - mais pourront l'aider dans sa tâche ; entre autres, souhait :

— d'obtenir un stand d'angle,
— d'être situé près d'une entrée principale,
— d'être situé près d'un guichet de service ou d'information,
— d'être à proximité d'un bar ou d'un restaurant,
— d'être à proximité de telle ou telle firme ou indiquer le contraire pour éviter d'être trop près d'un gros concurrent.
A ce niveau là, il est bon de préciser les points forts de présentation et les efforts qui seront faits pour faire vivre le stand et ainsi valoriser sa participation.

Une visite au responsable est à notre avis souhaitable, surtout si l'entreprise en est à sa première participation. Ce genre de démarche est à faire autrement durant le cours du salon pour préparer l'avenir.

D'une année sur l'autre, certains exposants ne souhaitent pas changer d'emplacement, souvent pour des raisons économiques. En dehors des contraintes de l'organisateur qui peut être amené à bouleverser son implantation générale, des coûts supplémentaires que de tels changements entraînent pour les exposants, nous pensons que l'habitude dans un salon, comme ailleurs il est vrai, est à éviter. Il appartient à l'exposant d'informer ses clients, ses prospects, de son lieu d'implantation. La signalisation mise en place par l'organisateur doit faire le reste.

Communication : Si comme nous le verrons plus loin, les organisateurs de salons spécialisés se chargent de promouvoir les manifestations dans leur ensemble - il appartient aux exposants de mener leur propre action promotionnelle.

La participation à un salon est une opération de communication directe avec un public bien ciblé ; le stand, *véritable affiche en volume,* porte l'image de l'entreprise. Il doit en être la vitrine des idées, le vecteur du produit à vendre, en fait l'image, sortie pour un temps de la firme, de ses potentiels humains, technologiques, commerciaux, financiers.

Un point à ne pas perdre de vue, en fonction de ce qui précède, est qu'à un type de salon spécialisé correspond un type de stand. Le stand *passe-partout* - même si certains éléments peuvent être repris - n'est pas recommandé. C'est une stratégie de beaucoup de sociétés en entre autres de Kodak : *à chaque salon, son stand.*

Presse professionnelle : Il est recommandé avant un salon d'informer la presse professionnelle spécialisée sur sa présence, sur les innovations présentées.

Cartes d'invitations : C'est un des éléments très importants de la promotion d'un salon. Réalisées par l'organisateur, véritables bandes-annonces de l'événement, les cartes d'invitations sont vendues à tarif réduit aux exposants qui les diffusent dans leur propre clientèle, vers leurs prospects.

A titre indicatif, 900.000 cartes ont été ainsi expédiées pour BATIMAT en 1981.

Ces cartes d'invitation jouent un rôle très important. Il semble, d'après les enquêtes réalisées par certains salons, que ce sont elles qui motivent le plus les visiteurs à venir.

Ainsi d'après un sondage effectué auprès des visiteurs du SIAL, les sources d'information sur le salon les plus mémorisées par les interviewés sont :

la carte d'invitation	57,9 %
les organismes professionnels	32,4 %
la presse	24,7 %
la documentation SIAL	14,8 %
les amis, les collègues	13 %*

Le catalogue : En principe, des fiches sont transmises aux exposants pour leur demander un certain nombre de renseignements devant figurer sur le catalogue. Il est de l'intérêt de l'exposant de répondre rapidement et complètement à l'organisateur. Le catalogue est en effet un excellent outil promotionnel, mais c'est aussi un instrument de travail important.

Utilisé durant la visite par les exposants pour trouver un fournisseur, un produit, un équipement, il constitue à leur retour une source de renseignements très appréciée. Il est d'ailleurs utilisé par des personnes n'ayant pu visiter le salon.

Il est à notre avis important de souligner qu'un catalogue bien travaillé *avant le salon* - dans la mesure où il est possible d'entrer en sa possession assez tôt, ce qui est souhaitable - peut faire gagner un temps énorme et rendre une présence à un salon très efficace ; que l'on soit présent en tant que visiteur ou comme exposant. Cela pour prendre des rendez-vous, pour situer des produits, des équipements, des exposants à ne pas manquer.

Dans la mesure où ce catalogue n'est pas disponible avant l'ouverture

* Promosalons

du salon, il est bon de passer un moment à le compulser pour organiser au mieux sa visite avant de partir à la découverte.

Relance téléphonique : Cette technique de marketing direct connaît un développement important et semble pouvoir être intégrée avec succès pour promouvoir la présence de la firme à un salon.

6. - PROMOTION DES SALONS FRANÇAIS A L'ETRANGER

Un des intérêts de participer à un salon spécialisé international est de nouer des contacts avec des clients étrangers, des fournisseurs. Encore faut-il que ceux-ci se déplacent, soient informés.

Certains salons font appel aux attachés commerciaux des ambassades ou aux Chambres de Commerce françaises à l'étranger. De nombreux autres, par contre, ont recours aux services d'un comité spécialisé dans la promotion à l'étranger des salons internationaux français. Ce comité, Promosalons, est une association régie par la loi de 1901, créée en 1967 à l'initiative du Centre Français du Commerce Extérieur, de la Chambre de Commerce et d'Industrie de Paris et de l'Association Française des Salons Spécialisés. La ville de Paris, puis le CNPF s'y sont ensuite associés. Aujourd'hui, soixante-dix salons adhèrent à Promosalons qui possède trente-huit bureaux dans le monde.

Les bureaux de PROMOSALONS dans le monde

Amérique du Nord	Amérique du Sud	Afrique	Océanie	Asie	Europe
Montréal	Buenos Aires	Casablanca	Sydney	Beyrouth	Amsterdam
New York	Caracas	Le Caire		Dubai	Athènes
	Sao Paulo	Tunis		Koweit	Cologne
		Johannes bourg		Riyadh	Copen- hague
				Hong-Kong	Dublin
				Seoul	Londres
				Singapour	Milan
				Tokyo	Helsinki
					Lisbonne
					Madrid
					Sotckholm
					Vienne
					Budapest
					Moscou
					Prague

Les délégués de Promosalons à l'étranger sont chargés d'étudier le marché, d'identifier et de localiser les décisionnaires, d'avertir les milieux d'affaires de la tenue des salons français et d'informer les leaders d'opinion et intermédiaires utiles. Ils appuient sur les Chambres de Commerce à l'étranger, certains postes commerciaux, quelques agences de voyages ou de publicité et sur les deux compagnies aériennes françaises Air France et UTA. Cette dernière diffuse également des informations sur les salons français par le magazine de voyage *Distance* qu'elle distribue dans ses avions.

Promosalons est chargé à la fois de la promotion collective des salons français et de celle de chaque salon qui fait appel à lui : le salon fixe sa stratégie et les délégués de Promosalons suggèrent la tactique à adopter en fonction du marché concerné. Le salon concerné couvre les frais de chaque campagne promotionnelle qu'il engage à l'étranger, sa cotisation à Promosalons (assise sur la surface effectivement louée) n'assurant que le fonctionnement régulier des bureaux. » *

7. - PARTICIPATION A UN SALON A L'ETRANGER

Malgré le développement de nos exportations remarqué ces dernières années, la balance commerciale française accuse encore souvent un déficit grave qu'il convient de combler.

Appréhender un nouveau marché extérieur, s'y implanter procède d'une véritable stratégie.

Dans cet esprit, la participation à un salon étranger représente un des éléments d'une action globale.

En effet, faire cette démarche d'une manière ponctuelle, au coup par coup, ne semble pas être une bonne formule. Echappe toutefois à cette remarque, *l'obligation morale* devant laquelle se trouvent certaines entreprises sollicitées du fait de leur prestige, de leur haute technicité, pour participer à un salon hors des frontières, par un organisme officiel : raison diplomatique oblige.

Participer à un salon à l'étranger justifie d'un budget, d'un investissement souvent importants qu'il faut étudier après avoir pris en compte les paramètres suivants :

— la connaissance précise du marché potentiel, de l'adéquation de ses produits, matériels ou équipements aux besoins de la clientèle en fonction de ses goûts spécifiques : il faut être prêt à s'adapter à ceux-ci. Ne pas en avoir conscience est souvent une cause d'échec.

* Promosalons

— une connaissance précise de la législation en vigueur : normes techniques, sanitaires...

— avoir déterminé une politique quant à la structure commerciale à mettre en place : réseau intégré à l'entreprise, distributeur sous contrat...

— avoir programmé une production qui permette de respecter les délais de livraison.

— connaître la nécessité de préparer une logistique complète concernant le service après-vente.

Ce tour d'horizon effectué, la décision étant prise de participer, le reste de la démarche ressemble sur beaucoup de points à celle suivie pour une participation à un salon français, cela après avoir pris certaines précautions.

Choix du salon

De nombreux salons internationaux ont une notoriété qui permet de postuler en toute confiance, ANUGA à Cologne, DRUPA à Dusseldorf, entre autres.

Par contre pour d'autres, pour lesquels les certitudes sont plus aléatoires, il est important :

— de connaître qui est l'organisateur, même si la manifestation bénéficie d'un soutien officiel qui, dans la réalité, peut ne rien représenter sur le plan du sérieux ou de l'aide à la promotion. Une garantie est de se rapprocher des services du Commerce Extérieur ou de sa propre Chambre Syndicale Professionnelle. Prendre contact avec des collègues ayant déjà participé n'est pas inutile et peut éviter bien des pièges. Cela permet entre autres choses d'apprécier *valablement* le niveau qualitatif des visiteurs, le nombre dans la vérité froide des chiffres n'étant pas un critère fiable.

Budgétisation des coûts

Sur un plan général et de manière à éviter des surprises désagréables, il vaut mieux préparer en France, avant expédition, tout ce qui entoure la présentation.

— Le stand

Celui-ci sera réalisé par les services internes de la firme ou par un décorateur, en tenant compte des normes à respecter sur le plan de la sécurité par exemple, mais aussi des informations recueillies sur les habitudes de présentation dans les pays intéressés.

L'idéal ensuite est de s'attacher les services d'un prestataire qui se chargera sur place de toute la logistique.

Un problème important, à ne pas négliger, est la traduction des textes, qu'il s'agisse des légendes de photos, de textes d'informations ou de documentation. Des fautes peuvent être lourdes de conséquences et préjudiciables à l'image de l'entreprise.

Lorsqu'il s'agit d'une première expérience, la possibilité de participer sur un *stand collectif* présente de nombreux intérêts sur le plan du coût, de la promotion par exemple.

— Les transports

Les mêmes consignes que pour les expéditions de matériels en France seront à respecter : la base étant la qualité des emballages. Des sociétés spécialisées dans ce genre d'intervention existent, qui sont aptes à établir rapidement des devis, qu'il s'agisse de transports par air - mer ou route.

En ce qui concerne les personnes et du fait des fluctuations monétaires, il est bon de se rapprocher de l'agence de voyages avec laquelle l'entreprise travaille habituellement. Les renseignements seront ainsi actualisés. Ceci vaut bien sûr pour les coûts de séjour.

Participer à un salon à l'étranger démontre une volonté exportatrice. Un soutien est apporté par certains organismes au niveau de subventions, d'aides. Pour en connaître les montants, les modalités d'attribution, il est conseillé de se rapprocher des services du commerce extérieur, de sa Chambre Syndicale Professionnelle, certaines actions étant particulièrement favorisées.

Esprit général de la participation

Pour que les résultats d'une participation à un salon étranger soient à la mesure des efforts réalisés, il ne suffit pas de porter toute son action sur la qualité du stand. Un élément primordial est la qualité du personnel qui sera chargé de le tenir, de l'accueil reservé à la clientèle.

Il est évident que si toutes les informations écrites ou audio-visuelles doivent être dans la langue du pays, le personnel doit lui-même utiliser celle-ci. Ou tout au moins le responsable du stand qui sera chargé d'accueillir les personnalités, les responsables économiques, voire politiques. Il est souhaitable que ce responsable ait une bonne connaissance géo-politique du pays.

Ce poste est lui-même à considérer comme un investissement. Si des explications techniques doivent être données, il faut le prévoir pour éviter une perte d'efficacité.

En fait, il faut avoir une présence *active* et ne pas faire seulement de la *figuration intelligente*.

Chapitre 8

Valorisation des lieux d'échanges et d'exposition

La volonté démontrée tout au long de cet ouvrage a été de mettre en évidence les différentes composantes et complémentarités à prendre en considération pour optimiser les résultats d'une participation à une Foire Exposition, à un Salon.

Un élément qui n'a pas été traité, mais semble à l'avenir être appelé à prendre de plus en plus d'importance, est celui de la *qualité des lieux*. Même si, actuellement, une certaine tendance tendrait à démontrer que l'on se dirige vers un dépouillement des stands considérés comme des *bureaux déplacés, simplifiés à l'extrême,* pour des rencontres entre professionnels non sensibles à la décoration, à une certaine recherche. Ce qui reste bien sûr à prouver. En tout état de cause ceci restera vrai, nous le pensons, pour l'ensemble des Foires Expositions et d'un grand nombre de Salons.

Il s'agit en fait de l'étude de la conception des espaces sur le plan attractif, donc dynamique, pour amener le visiteur - qu'il s'agisse de grand public ou de professionnels - à aller de l'avant, à découvrir, à ne pas être *passif.*

Cet aspect lorsqu'il est actuellement traité, est souvent approché de manière empirique par les organisateurs et les exposants.

Compte tenu de ce qui précède, il nous a semblé intéressant de souligner le travail important réalisé par l'Ecole d'Architecture de Toulouse et de donner la parole à Maurice Foissac, Docteur Es Sciences, qui dirige avec Jean-Louis Rouges, Architecte DPLG, une équipe du département recherche.*1

Cette équipe mène plus précisément une étude pour la valorisation des lieux d'échanges et d'expositions, dans le but d'amener un comportement de découverte *participative.*

"Ce comportement de découverte participative ne peut être atteint que :

1) par des expérimentations de cheminements que nous réalisons dans notre atelier maquettoscope (le plan utilisé traditionnellement étant un concept trop statique).
2) par une nouvelle réalisation d'espaces basés non plus sur des volumes ou leur négatif, mais conçus comme de véritables *polyphonies sensorielles.* Le réveil et la sollicitation de la sensitivité humaine, trop souvent en sommeil, doit apporter une satisfaction, pour ne pas dire un *inexplicable bien-être,* qui sera indissociable du succès des manifestations.
3) par le détournement de toute forme de saturation physiologique (sonore, visuelle, kinesthésique, etc...) qui aboutit à la lassitude et donc à l'indifférence. Pour éviter cette triple frustration du visiteur, de l'exposant et de l'organisateur, rappelons-nous la vieille loi de Gossen (1854) : « lorsqu'un plaisir quelconque se poursuit sans interruption, son intensité, après s'être au début élevée, décroît et finit par devenir nulle ».

Le schéma suivant, évident pour les physiologistes, se doit d'être présent à l'esprit de tout aménageur. (fig. 1) :

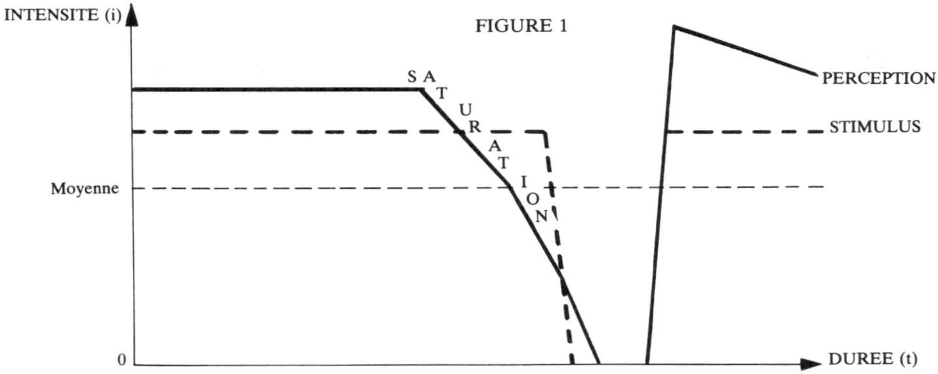

1 N.D.L.A. - Pour mener à bien leurs travaux, ces chercheurs se sont appuyés sur ceux réalisés par le Centre de Création Industrielle du Centre Georges Pompidou concernant *l'ethnographie d'une exposition*, et portant tout particulièrement sur la typologie des comportements des visiteurs. (ouvrage de Martine Levasseur et Eliséo Veron).

La finesse des aménageurs - les japonais, dans cet art, sont excellent - consistera donc à savoir relancer la machine sensorielle après remise à zéro de certaines perceptions.

Qui n'a jamais savouré quelques instants de silence absolu en plein cœur d'une foire internationale, d'un salon ?

1. - QUELQUES AMÉNAGEMENTS BASÉS SUR LES PERCEPTIONS

10. *De l'extérieur à l'intérieur :*

C'est le principe *Dedans Dehors* bien connu en architecture, qui abolit la notion de limite ou de barrière : l'œil pénètre, prend connaissance, alors que le pied est encore extérieur au volume ; un auvent ou une avancée de toiture protège et enveloppe le spectateur qui n'a pas encore franchi le seuil et se sent un peu dedans. Quelques manifestations de masse nous prouvent que l'ambiance déborde du bâtiment par sollicitation de plusieurs sens. Le tournoi des cinq nations se vit à l'extérieur de la pelouse, la messe du rugby débute à *l'extérieur* du Parc des Princes. Et que serait Beaubourg sans son parvis ?

Le FIT de la Villette peut être choisi comme réussite dans la continuité de lecture de l'espace par la linéarité de repères et par des éléments d'homogénéisation (sonores, kinesthésiques, culturels, etc...).

FIGURE 2 - FESTIVAL DE L'INDUSTRIE ET DE LA TECHNOLOGIE
Grande Halle de la VILLETTE 85/86 - ANVAR

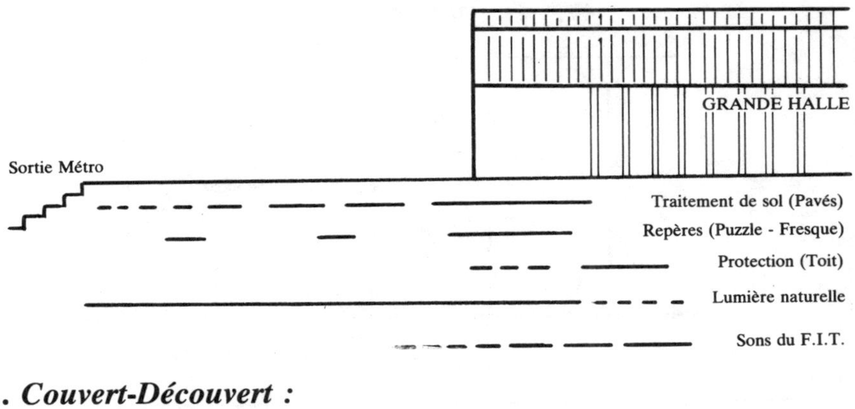

11. *Couvert-Découvert :*

Une manière de faire palpiter l'espace consiste à alterner, sur un cheminement incité, des parties couvertes et découvertes. Les notions de ***bulle ou de sphère personnelle*** *2 ***conduisent à suggérer un sentiment individuel de protection par*** *le toit.* Si ce dessus possède une axialité marquée, le vecteur avant du déplacement humain se trouvera renforcé.

2 Cf. J. Cousin et A. Mohles

Ouvert-Fermé :

Une impression de Fermé sur un parcours linéaire va rabaisser certains seuils de perception (visuel, acoustique) et exacerber d'autres (sensibilité, kinesthésie). Donc par relance de la sensitivité, cela va revaloriser les séquences suivantes. La différence de traitement du sol, la suggestion de couverture, l'éloignement des parois placent l'observateur en position d'attente d'un événement dans l'axe ou éventuellement, dans la largeur (l'impact du *bout* du tunnel est fondamental).

Cette notion de *boîte* que l'on traverse, et qui par ses deux diaphragmes possède une individualité marquée, peut être utilisée comme transition forte entre deux parties à thématiques différentes (exemple vu au F.A.U.S.T. de Toulouse).

13. *Découverte perpétuelle :*

La pertinence de l'aménagement repose sur les paramètres visuels de l'axe de circulation-orientation. La première précaution est l'identification, puis l'appréhension du cheminement par le visiteur. Cette maîtrise du futur immédiat étant assurée, l'aménageur devra gérer un véritable *crépitement* d'événements selon une vitesse, un rythme incités par l'œil mais affirmés par les autres sens.

N'oublions pas que l'angle visuel *d'attention* fait 15° à 20° et que les sollicitations doivent être **successives.**

Il faut donc qu'on examine un seul lieu en entier, le suivant ayant toujours une partie visible bien inférieure à la partie dissimulée.

FIGURE 3

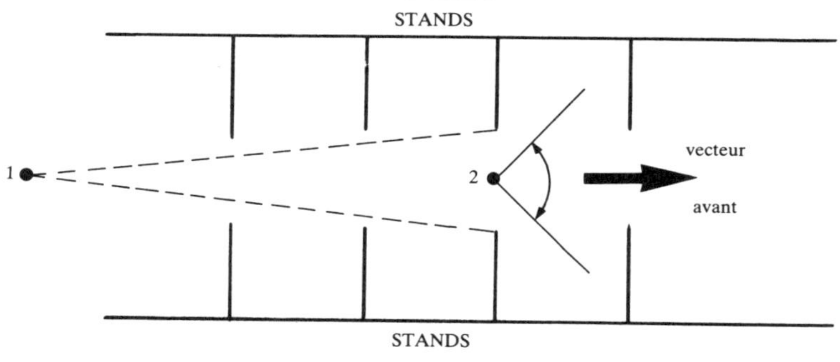

1 - Vision d'identification
2 - 160° de sollicitation simultanée

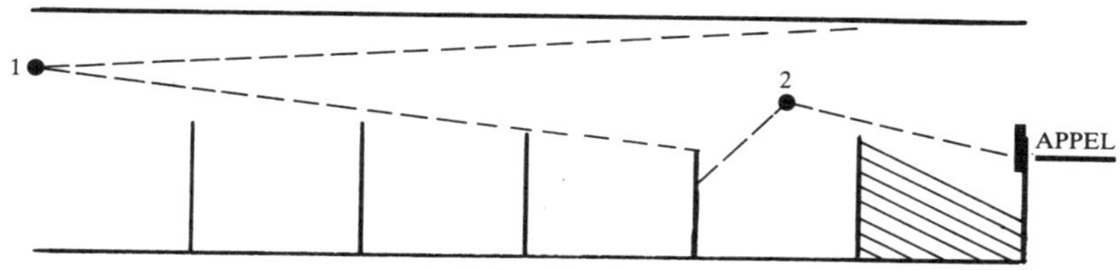

1 - Vision d'identification
2 - Sollicitations successives.

Cette technique permet une hiérarchie des circulations : l'individu rapide, à vision globale, circulera à gauche alors que l'attentif (comportement *fourmi* déterminé par le CCI) marchera plus près des stands, sur la droite.

Cette analyse peut conduire l'exposant à mieux gérer son stand : de la vue frontale (toujours satisfaisante sur les esquisses), il passera à la vision *cinétique* et déterminera où situer ses éléments d'appel.

14. *Les contrastes :*

Les contrastes classiques de couleurs, volumes, textures sont en général le fait des exposants (les marchés aux puces sont toujours bien sympathiques...)

Mais les contrastes de fonctions, ou d'ambiances, peuvent être gérés par les organisateurs : ils doivent être prévus comme facteurs de polarité pour des cheminements.

Rappelons-nous le camelot au Salon de l'Electronique, le clochard de cire du FAUST, le fumet des croissants au FIT, le bruit des tasses de café au Salon des Antiquaires, etc...

15. *Les éléments de Cognition*

Un élément de satisfaction du visiteur consiste à connaître constamment sa situation par rapport à l'espace qu'il visite. Pour le professionnel, à escales précises et ponctuelles, une signalétique brute doit permettre un repérage de type urbain dans une planimétrie *de sol.* Pour le grand public, les éléments de cognition spatiale tendent vers une conscience de l'ensemble, et ce sont des éléments *de volume* qui permettent l'appréhension de l'espace (par exemple, l'axialité des bâtiments à voûte). Il est bien évident que la complémentarité des deux systèmes est un gage de réussite.

Les éléments de cognition ne concernent pas uniquement l'espace dans sa globalité. Les cheminements se devraient d'être valorisés : il est souhaitable de marquer des débuts, des fins, ou de reproduire de temps à autre des éléments qui serviront de fil directeur (exemples : *stations services* du FIT, entrées de boucles du FAUST 86).

On distribue en général les plans, les indications à la **porte** d'entrée, à l'endroit où l'individu n'est encore qu'un homme passif. Les études comportementales montrent que l'étendue ou la complexité du lieu à visiter doivent être soupçonnés ou entre-aperçues et ainsi, susciter le **besoin** du plan ou des codes de repérage : cette demande concrétise la première phase de la démarche active du visiteur. Une telle stratégie doit s'appliquer dans la zone d'entrée, juste après une zone de contact (qui peut être la zone du dedans/dehors). Le salon des artisans décorateurs 1985 fournit une bonne illustration : après le sas d'entrée, un couloir vitre permettait une découverte partielle, créait une certaine appréhension et immanquablement, amenait tous les visiteurs aux comptoirs d'information. Quelle complication que de placer des hôtesses ou des plans jetables à chaque carrefour, alors qu'on peut facilement solliciter le regard, ou l'ouïe, avant même que les pieds soient au cœur de la difficulté.

2. - LES COMPORTEMENTS LIES AUX AMENAGEMENTS

20. *Incitation*

L'œil est en constant mouvement, et commande les mouvements de la tête.

Notre postulat *« l'œil précède le pas »* s'applique à la majorité du monde animal : toute déviation angulaire du regard sera favorable à une même déviation du déplacement.

On peut donc concevoir des plans basés sur la vision (élément d'initiation du déplacement). De tels schémas nécessitent une maîtrise parfaite des écrans, des pleins et des vides.

L'expérience prouve qu'avec une profondeur de champ suffisante, on peut déterminer des zones dans lesquelles s'effectueront les circulations.

L'état de travaux ne permet pas d'affirmer que le visiteur agirait comme une boule de billard dont le déplacement suit les strictes lois de la réflexion.
Cependant, presque tous les exposants utilisent des objets ou des surfaces qui se comportent comme des plans réfléchissants lorsqu'ils doivent infléchir un cheminement vers une zone *choisie*.

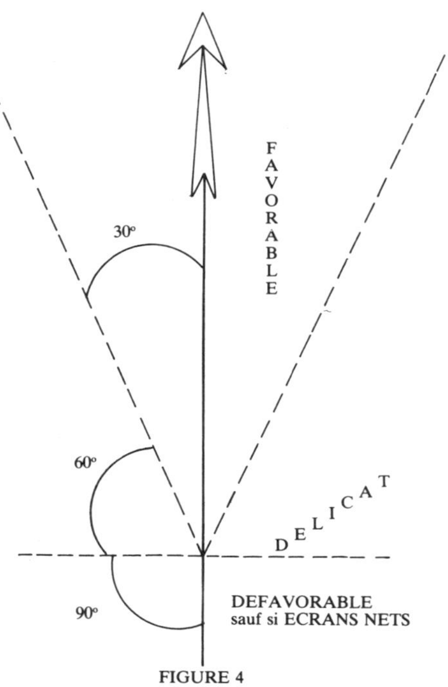

FIGURE 4

La vision est le principal sens de la connaissance : le bon sens populaire *vas voir,* pour supprimer toute incertitude, nous le rappelle. L'architecture japonaise nous montre que tous les autres sens peuvent être utilisés avec finesse pour provoquer cette demande de certitude. Ainsi toute stimulation olfactive, sonore, etc... peut être polarité de déplacement : les forains en vivent, les scénographes le savent, les architectes ne peuvent le dessiner....

21. *Dissuasion :*

Un slogan de 1968 prouvait qu'interdire était agressif. Un aménagement subtil incitera « À NE PAS »... Mais seulement s'il y a alternative.

Jean Cousin a déjà montré la valeur dissuasive d'un plan horizontal surrélevé - ne serait-ce que de quelques centimètres.* A l'impact psychologique, on peut rajouter le stimulus kinesthésique. Un traitement de sol est toujours perçu par rapport au précédent - et par rapport à la sollicitation mémorisée de l'appareil locomoteur. Un passage sur lattes de bois après des allées de moquette est bien vécu. D'après le *graphique sur* la saturation/stimulus, on peut dire que les changements de matériaux relancent la machine sensorielle. Les muscles du pied ne fonctionnent pas identiquement. En revanche, une allée de graviers 20/40 agira comme un sens interdit par rapport à un réseau moqueté. Les parcours japonais fournissent un inventaire des rapports entre traitements de sol qui seront perçus comme *plus ou moins faciles,* et rempliront donc le rôle de dissuasion : du bois au sable, de la dalle aux graviers... sachant pertinemment que le cheminement dans le sens inverse doit être bien vécu.

Un des intérêts est de pouvoir séparer les flux de circulation : entrée et sortie par exemple.

Il existe aussi des dissuasions *culturelles* qui ne touchent ni les enfants, ni les distraits : par exemple, les grandes photos collées au sol de l'exposition sur l'A.F.P. provoquaient le détour, lorsqu'il y avait alternative.

22. *Repos :*

On peut considérer comme repos toute phase où un stimulus est quasiment nul.** Nous pouvons décomposer ce principe en trois idées principales :

1ère idée : le repos physique, musculaire, par rapport à la marche. Evidemment reposer les jambes (position assise), mais aussi ne pas

---

* *L'espace vivant* de J. Cousin. Presse Universitaire de Montréal. Cf. la notion de différence liée à la chaire du maître.
**Voir graphique du préambule - Fig. 1

solliciter les muscles de la même manière, donc possibilité de s'appuyer (voir le rôle du dos dans les appuie fesses de certains fast food, ou l'importance des coudes au comptoir...)

2ème idée : le repos mental par rapport à l'espace visité. Il faut créer la déconnexion dans la perception de l'ambiance : les deux procédés couramment utilisés sont la remise à zéro des stimuli acoustiques ou visuels. Des coins assis qui tournent le dos (ou qui recréent un espace aveugle à l'échelle humaine), des espaces insonorisés (tel le tombeau Egyptien du FIT Ou l'éponge à son de La Villette), de par leur particularité acoustique et visuelle, sont perçus comme de véritables espaces de repos.

3ème idée : s'extraire de l'animation et *s'approprier* l'espace. Ce concept nécessite l'accès à des points hauts et la possibilité de contemplation. On réveille ainsi un sentiment de *domination* mais aussi de curiosité. (Un des premiers projets de SITEF envisageait l'utilisation des mezzanines par le public). Nous avons remarqué la généralisation de petites lorgnettes judicieusement placées dans de nombreuses manifestations (ces gadgets de par leur utilisation en sites touristiques évoquent le *pittoresque* ou le *naturel,* et contrastent avec le degré d'artificialisation des foires et salons).

23. *Curiosité :*

Susciter la curiosité du visiteur peut être l'objectif de l'aménageur à la recherche de *contrastes.* La démarche est simple au niveau visuel : ne montrer qu'une partie *attractive* pour inciter l'effort d'aller voir de plus près. De même, les autres sens peuvent servir à déclencher la curiosité ; c'est-à-dire, compléter l'information par le visuel : un son qu'on voudra mieux identifier, un matériau qu'on voudra mieux palper, ou encore une odeur qui attirera vers un endroit précis. Des scénaristes comme Tex Avery ont parfaitement illustré ces effets... !

Des lieux d'animations (une mécanique en activité ou un artisan en plein travail) peuvent aussi constituer des points forts, dynamiques et attractifs par rapport à un ensemble d'exposants qui se contentent d'exhiber. Ces lieux doivent être conçus comme des places vers lesquelles convergeraient les rues.

24. *Quelques messages sensoriels :*

— la vision : « La lumière : force énergétique qui anime l'objet, emplit *l'espace, crée les volumes, suggère les climats physiquement et spirituellement ».* *

* *Des lumières et des ombres* d'Henri Alekan. F. Editions, 1980.

Tenant compte de la relativité des paramètres constituant une manifestation publique, un éclairage doux associé à certaines formes pourra engendrer l'intimité, la sécurité, sensations caractéristiques d'espaces à placer judicieusement.

Un dosage de lumière bien étudié, à l'intérieur d'un bâtiment, peut développer un esprit de rassemblement : la mystique de la lumière par rapport à l'obscurité est bien connue en architecture religieuse (on resserre le groupe, on affirme la suprématie de l'homme). Pour la grand messe des technologies de La Villette, le théâtre des robots était le saint des saints dans *la chapelle* du FIT.

— l'ouie :

Les cinéastes savent très bien suggérer des ambiances par les sons. Par contre, les *bruits* sont difficilement cartographiables par les architectes. Un énorme effort reste donc à accomplir pour casser l'ambiance musicale aseptisée des salons contemporains. Quelques tentatives utilisant les musiques d'eau (Salon Artisans Décorateurs 1986) nous semblent des prémices de recherche dans ce sens.

— le tactile :

Dans l'optique des cheminements, nous ne pouvons travailler que sur le tactile comme appréhension du milieu par les pieds : l'homme civilisé est en train de fossiliser ce sens (mais pour l'enfant, le fait de marcher pied nu, retrouver le contact, la connaissance de la nature, synonyme de vacances est posé en terme de libération).

Il serait souhaitable de **réveiller** ce sens tactile par variation des traitements de sol : jouer sur le dur, le maléable, le confortable, alterner des éléments évocateurs (lattes de bois), des matériaux qui *réagissent* (métal) ; en résumé, porter attention où l'on met les pieds.

On peut envisager de revaloriser ce sens en le cumulant avec d'autres effets (kinesthésiques par exemple) comme le font les parcours japonais. Ainsi le tactile (et donc le pas) pourra servir d'incitateur, de déclencheur d'activité pour les autres sens : des dalles espacées sur du sable, des plans inclinés ou des escaliers peuvent faire varier la vitesse du pas, ou focaliser l'attention sur des objectifs non visualisés.

— L'olfactif :

L'olfactif est vraiment un sens fossile. Son utilisation est accidentelle, car difficilement maîtrisable. Excepté un rôle évocateur certain, on ne peut *solliciter* ce sens que pour provoquer certains types de comportements : l'odeur ne donnant pas de direction, l'homme se dirigera vers ses certitudes grâce aux autres sens.

25. *Dynamique :*

Notre conception des incitations à des cheminements concerne des individus isolés, bien que leur nombre puisse être élevé. Or cette masse de visiteurs doit vivre des séquences en tant que groupe, et communier avec l'évènement. Cette forme de communion est la concrétisation d'une participation active au meeting : c'est l'aspect scénographie du salon ou de la foire. Le mécanisme théorique d'une dynamisation est relativement simple :

a) **susciter l'attention :** par exemple, chute ou hausse de l'intensité sonore ou lumineuse sur l'ensemble du volume

b) **polariser** l'attention par les moyens facilement maîtrisables (verticales lumineuses, mise en évidence d'un lieu particulier, etc...)

c) **animer** par l'insolite sur le point fort : parachutistes, hélicoptères, etc...

d) donner une **axialité** à l'évènement : la foule suit la parade du cirque ou le défilé militaire dans le village...

e) marquer la fin de la séquence : feu d'artifice, parade des artistes, etc... C'est la chute qui doit être percutante pour éviter la frustration après la porte de sortie.

COMMENTAIRES :

Au XXIème siècle, la qualité des exhibits, des foires et salons internationaux sera uniformisée dans le haut de gamme. La différence se fera sur les impressions *subjectives* vécues par toutes catégories de visiteurs. Si les concepteurs arrivent à gérer la sensitivité du visiteur de la zone précédent l'entrée jusqu'à l'après-sortie, nos recherches auront atteint leurs objectifs. Il est probable que les enjeux économiques se trouveront alors mieux valorisés.

Conclusion

Dans la mesure où l'exposant aura mis en œuvre tout ce qui est contenu dans ce livre - qu'il s'agisse pour lui de participer à une foire exposition ou à un salon - ses chances de réussite seront certes plus grandes, mais il aura de plus amélioré la communication interne de son entreprise.

C'est un élément à ne pas négliger.

Par ailleurs, l'exposant apportera sa contribution à l'essort économique de son entreprise, de sa région, de son secteur d'activité. Mais aussi, il assurera la pérennité des manifestations auxquelles il adhérera et qui sont indispensables à son propre rayonnement.

Chaque acteur ayant joué pleinement son rôle, l'exposant, l'organisateur, les visiteurs, les médias, les pouvoirs publics, au baisser de rideau, la pièce économique devrait être considérée par tous - y compris la nécessaire critique - comme bonne : de nouveaux actes pourront se jouer, cela pour le bien de tous.

ANNEXES

ANNEXE 1
Classement Foires Expositions - O.J.S. 1983

	Villes	Nombre expos.		Villes	Nombre visiteurs	Nombre habitants
1	Paris	2.623	1	Paris	1.063.259	–
2	Lyon	1.928	2	Lyon	430.993	1.170.660
3	Rennes	1.600	3	Strasbourg	370.741	365.323
4	Bordeaux	1.581	4	Marseille	363.775	1.070.912
5	Marseille	1.556	5	Bordeaux	348.512	612.456
6	Strasbourg	1.095	6	Lille	311.544	935.882
7	Lille	1.035	7	Rennes	301.246	229.310
8	Le Mans	793	8	Caen	245.047	181.390
9	Montpellier	734	9	Dijon	231.529	208.432
10	Nantes	732	10	Montpellier	201.962	211.430
11	Toulouse	711	11	Mulhouse	201.859	218.743
12	Metz	681	12	Toulouse	199.365	509.939
13	Nancy	637	13	Rouen	194.689	388.711
14	Avignon	628	14	Colmar	166.348	83.435
15	Nice	607	15	Nantes	154.268	453.500
16	Niort	554	16	Saint Etienne	153.663	334.846
17	Dijon	538	17	Nancy	148.485	280.569
18	Rouen	530	18	Niort	140.856	64.128
19	Caen	517	19	Pau	137.117	126.859
20	Grenoble	494	20	Le Mans	135.517	192.057
21	Mulhouse	464	21	Grenoble	124.463	389.089
22	Roche s/Foron	445	22	Metz	122.682	181.191
23	Toulon	445	23	Nice	115.577	437.566
24	Chalons s/Marne	440	24	Angers	115.532	188.695
25	La Rochelle	428	25	Orléans	113.683	209.234
26	Limoges	425	26	Limoges	113.240	167.664
27	Orléans	424	27	Toulon	112.407	378.430
28	Angers	406	28	Chalons/Marne	110.007	63.407
29	Troyes	404	29	Annecy	95.139	103.543
30	Saint-Brieuc	383	30	La Rochelle	91.459	100.649
31	Besançon	370	31	Besançon	88.914	126.349
32	Saint Etienne	354	32	Troyes	86.857	126.611
33	Pau	346	33	Avignon	80.011	162.562
34	Castres	346	34	Chambery	77.224	88.081
35	Annecy	345	35	Roche/Foron	75.347	–
36	Clermont Ferrand	340	36	Nimes	71.306	131.638
37	Bourg en Bresse	338	37	Clermont Ferrand	68.535	253.244
38	Colmar	336	38	Lorient	68.438	105.797
39	Chambery	322	39	Tarbes	63.538	78.645
40	Nevers	315	40	Charleville	62.829	69.124
41	Reims	312	41	Saint Brieuc	62.497	82.148
42	Lorient	310	42	Romans	61.614	44.879
43	Orange	310	43	Bayonne	58.799	121.474
44	Tarbes	301	44	Macon	58.134	46.369
45	Albi	287	45	Nevers	57.482	59.424
46	Laval	281	46	Périgueux	56.985	57.830
47	Romans	280	47	Reims	56.005	197.021
48	Périgueux	275	48	Bourg	54.903	52.147
49	Valence	275	49	Orange	53.438	–
50	Alençon	258	50	Dax	50.979	–
51	Cholet	253	51	Poitiers	50.946	103.333
52	Beauvais	248	52	Villeneuve	50.305	–
53	Agen	247	53	Castres	50.284	47.154
54	Brignoles	247	54	Alençon	48.837	42.017
55	Saintes	238	55	Valence	48.439	104.330
56	Chateauroux	231	56	Laval	46.657	56.441
57	Charleville	231	57	Beauvais	44.747	57.186
58	Poitiers	230	58	Albi	44.111	58.924
59	Macon	229	59	Montélimar	41.876	–
60	Bayonne	227	60	Aurillac	41.758	–

Eloignement des parcs par rapport au centre des villes

	Centre Ville	moins de 2 kms et jusqu'à 2 kms	2 à 5 kms	5 à 10 kms	+ de 10 kms
1	Amiens	Albi	Besançon	Brest (1)	Avignon (7)
2	Angers	Alençon	Bourg en Bresse	Clermont (2)	Lyon
3	Bayonne	Angoulême	Colmar	Grenoble (3)	Paris Nord
4	Bourges	Annecy	Epinal	Montpellier (4)	
5	Brive	Auch	Fougères	Rennes (5)	
6	Caen	Beauvais	Laval	Rouen (6)	
7	Calais	Bordeaux	Le Mans	Alès	
8	Chalon s/Saone	Castres	Limoges		
9	Chateauroux	Chalons/Marne	Macon		
10	Cholet	Chambéry	Metz		
11	Condom	Charleville	Nantes		
12	Digne	Dax	Nevers		
13	Dijon	La Rochelle	Niort		
14	Douai	La Roche/Foron	Orléans		
15	Fontenay	Lorient	Périgueux		
16	Guincamp	Mont-Marsan	Poitiers		
17	Lille	Morlaix	Romans		
18	Lons le Saunier	Mulhouse			
19	Marseille	Nice			
20	Montélimar	Nimes			
21	Pau	Orange			
22	Reims	Pontivy			
23	Roanne	Quimper			
24	Saintes	Rochefort/Mer			
25	Toulouse	Saint Brieuc			
26	Valence	Saint Etienne			
27	Vesoul	Saint Girons			
28	Villeneuve	Strasbourg			
29		Tarbes			
30		Troyes			
31		Vannes			

COMMENTAIRES

Il est courant de dire qu'une foire exposition a une bonne fréquentation quand la population visiteurs est égale ou supérieure à celle de la ville dans laquelle elle est implantée. (Voir tableau P. 85).

Partant de cette affirmation, on peut dire :

1 - Foire connaissant de grosses difficultés liées à sa situation et aussi, il faut le dire, au fait qu'elle se déroule tous les 2 ans.

2 - Insuffisance de surfaces couvertes, éloignement, faible population visiteurs.

3 - La distance joue sur la fréquentation.

4 - Bonne fréquentation dûe aux bons accès, entre autres raisons.

5 - Malgré un certain éloignement, bonne fréquentation dûe à sa spécificité (2e Foire Agricole de France) et à ses accès.

6 - Fréquentation à améliorer due à l'éloignement.

7 - Population visiteurs moyenne.

ANNEXE II

Les salons français en chiffres (Source : Office de Justification des Statistiques)

SALON	Année	Surfaces louées en m²	Total Exposants	Total Visiteurs
I. AGRICULTURE - VITICULTURE				
— Agriculture - Paris	82	70 000	3 700	920 000
— Machine Agricole - SIMA - Paris	82	98 300	1 186	
— Techniques et Equipements viti-Vinicoles - SITEVI - Montpellier	81	19 521	631	35 966
— VINITECH - Bordeaux	81	7 296	280	6 794
— HORTIMAT - Orléans	80	24 698	419	29 430
II. ALIMENTATION - HOTELLERIE				
— EQUIP'HOTEL - Paris	81	19 607	643	84 847
— Confiserie - INTERSUC - Paris	81	3 073	254	14 076
— Alimentation - SIAL - Paris	80	51 383	3 253	217 710
— Emballage - Paris	80	47 068	1 222	
— Génie Alimentaire - GIA - Paris	80	26 267	562	
— Viande - MATIC - Paris	80	16 996	387	
— Equipement Laitier - Paris	82	17 816	266	11 082
III. TEXTILES - HABILLEMENT - CUIR - ACCESSOIRES				
— BIJORHCA - Paris	81	17 130	956	28 055
	81	23 104	1 179	32 508
— Habillement masculin	81	22 400	742	41 781
SEHM - Paris	81	14 809	502	32 356
— Industries de la Fourrure - SIF - Paris	81	7 751	125	8 073
— Industries de la Maille SIM international - Paris	81	10 460	297	39 534
— Maroquinerie - Paris	81	8 345	296	9 805
	81	3 322	174	3 985
— Mode Enfantine - Paris	81	9 172	268	20 138
	81	8 371	240	18 433
— Prêt à Porter Féminin - Paris	81	34 514	1 028	49 284
	81	33 508	1 011	38 018
— Semaine de Cuir - Paris	81	41 353	2 102	86 226
IV. TRAVAUX PUBLICS - BATIMENT - SECOND ŒUVRE				
— INTERCLIMA - Paris	81	29 751	691	108 138
— Second-Œuvre - BATIMAT - Paris	81	93 932	3 497	444 858
— Quincaillerie - QUOJEM - Paris	81	22 585	884	17 526
— Aménagement en montagne SAM - Grenoble	82	9 753	304	10 989
— Travaux Publics - EXPOMAT - Paris	82	198 210	1 583	103 508
— ROC-EXPO - Toulouse	82	3 675	140	6 322
V. HABITAT - AMENAGEMENT DE LA MAISON				
— Arts Ménagers - Paris	81	34 844	928	254 710
— Ateliers d'Art - Paris	81	11 074	945	31 125
	81	11 782	958	24 124
— Confort Ménager - Lille	81	16 100	575	127 512
— Luminaire - Paris	81	14 899	275	20 023
— Meuble - Paris	81	80 079	1 190	53 497
— Meubles et Founitures MEUROPAM - Lyon	81	42 762	814	30 496
— Tapis - Paris	81	10 442	140	14 023

VI. SANTE - HYGIENE ENVIRONNEMENT - SECURITE				
— EUROPROTECTION - Paris	81	13 085	601	20 442
— Lunetterie - SILMO - Paris	81	8 355	276	10 240
— INTERNET'EXPO - Paris	80	4 052	133	17 881
— Techniques air-bruit-eau POLLUTEC - Paris	80	6 478	207	19 329
VII. TRANSPORT - CIRCULATION				
— Aéronautique et espace - Paris	81	78 480	894	306 911
VII. INFORMATION, COMMUNICATION, BUREAU ORGANISATION				
— Audiovisuel Communication - Paris	81	3 686	218	39 680
— Edition Musicale - MIDEM - Cannes	81	3 976	498	4 923
— Son et Image Vidéo - Paris	81	10 724	286	139 252
— Informatique, Télématique, Communication, Organisation du Bureau et Bureautique SICOB - Paris	81	50 687	2 297	363 504
— Photo, Cinéma - Paris	81	14 149	257	140 827
— Programmes télévision MIP TV Cannes	81	4 640	419	3 626
— Industries Papetières - IP Grenoble	80	2 644	196	2 919
— Radio TV - Bordeaux	80	3 133	82	non précisé
— GRAPHITEC - Paris	80	13 675	502	28 724
IX. SPORTS, JEUX, LOISIRS				
— Bricolage - Paris	81	14 035	707	317 608
— Caravane - Paris	82	48 000	250	100 000
— Cheval - Paris	81	–	225	165 000
— Nautisme - GRAND PAVOIS La Rochelle	81	11 914	278	25 787
— Jouet - Paris	81	28 422	699	17 950
— Jouet (journées professionnelles - Paris)	81	1 947	149	3 182
— Navigation de Plaisance - Paris	81	38 704	1 053	322 500
— Première Mode Sports d'Hiver Grenoble	81	2 931	88	7 615
— Articles de Sports d'Hiver SIG - Grenoble	81	15 862	659	12 055
— Sports et Loisirs - SISEL - Paris	81	32 331	824	17 050
— Tourisme et Voyages - Paris	82	5 300	477	122 231
X. INDUSTRIE - COMMERCE - SERVICES				
— Physique - Paris	81	5 600	160	16 500
— Le Cadeau et l'Entreprise - Paris	82	1 500	200	10 200
— Papeterie - SIPPA - Paris	81	14 466	734	15 025
— Sous-Traitance - MIDEST (siège à Nancy)	81 à Lyon	25 351	2 034	38 702
— Composants Electroniques - Paris	81	43 139	1 746	95 124
— Composants mécaniques - MECANELEM - Paris	81	16 450	804	30 128 (Composants mécaniques + Maintenance)
— Maintenance - Paris	81	1 753	113	
— EQUIP'MAG - Paris	81	13 650	382	36 248
— Manutention - Paris	81	46 309	863	43 918
— Traitements des Surfaces - Paris	81	9 803	310	20 000
— Blanchisserie - Teinturerie - Paris	80	14 060	217	19 262
— Equipement Electrique - Paris	79	12 820	362	36 034
— Mesure - MESUCORA - Paris	79	24 340	1 332	59 149
— Laboratoire - Paris	80	14 569	825	37 316
— Machine-Outil - Paris	82	41 679	1 367	84 410
— Matériel Scientifique PHIRAMA - Marseille	80	3 874	666	5 524
— Micro Techniques MICRONORA - Besançon	80	5 179	592	10 420

BULLETIN OFFICIEL
DE LA
DIRECTION GÉNÉRALE
DES IMPOTS

Instruction du 4 juin 1982

TAXES DIVERSES DUES PAR LES ENTREPRISES
TAXES SUR CERTAINS FRAIS GENERAUX

GÉNÉRALITÉS

1. Afin d'inciter les entreprises à modérer certains éléments de leur train de vie et dans un souci de solidarité, l'article 17-1 de la loi de finances pour 1982 a institué un dispositif de taxation de certains frais généraux.

2. Cette taxe est due par les personnes physiques ou morales soumises obligatoirement à un régime réel d'imposition au titre des bénéfices industriels et commerciaux, des bénéfices agricoles ou des bénéfices non commerciaux, ainsi que les redevables de l'impôt sur les sociétés. Toutefois, la taxe ne s'applique pas aux entreprises qui font l'objet d'une suspension provisoire des poursuites ou d'un règlement judiciaire.

4. La taxe, dont le taux est fixé à 30 %, doit être versée chaque année au plus tard le 15 juin ; elle n'est pas acquittée si son montant est inférieur à

200 F. En outre, elle est liquidée, déclarée et recouvrée comme en matière de taxes sur le chiffre d'affaires et sous les mêmes garanties et sanctions. Enfin, elle ne constitue pas une charge déductible pour les entreprises versantes.

Chapitre premier
CHAMP D'APPLICATION

5. L'article 17-I-1 de la loi du 30 décembre 1981 prévoit que la taxe sur certains frais généraux est due par les personnes physiques ou morales soumises obligatoirement à un régime réel d'imposition des bénéfices industriels et commerciaux, des bénéfices agricoles ou des bénéfices non commerciaux ainsi que par les redevables de l'impôt sur les sociétés. Toutefois, les entreprises en situation de suspension provisoire des poursuites ou de règlement judiciaire sont dispensées d'acquitter le prélèvement.

Sous-section 2
Frais de réception, y compris les frais de restaurant et de spectacles

41. Il est précisé que ne sont pas des frais de réception, et que ne sont donc pas à comprendre dans l'assiette de la taxe, les frais de transport, d'hébergement et de restauration exposés pour les besoins des membres de l'entreprise lors de déplacements ayant pour effet de les éloigner de leur lieu habituel de travail dans un but strictement professionnel, c'est-à-dire engagés dans l'intérêt immédiat, direct et exclusif de l'entreprise. Il n'en irait différemment que si le déplacement avait pour objet l'assistance à un congrès *(cf nos 54 à 69 bis)* ou la participation à une croisière ou à un voyage d'agrément *(cf. nos 70 à 76)*.

53. Toutefois, il est admis de ne pas tenir compte des dépenses liées à la dégustation d'échantillons de produits au cours de foires-expositions, de salons, de visites organisées de l'entreprise (exemple : visite de chais ou de caves fromagères, etc.). Cette tolérance ne vaut que si la dégustation des échantillons, en petite quantité et à titre d'essai, n'a pas en fait pour objet de masquer, sous cette apparence, l'organisation de véritables repas ou buffets.

68. *d.* La participation à des salons et foires-expositions tenus :
— en France, pour autant que ces manifestations soient agréées ou autorisées par le ministère du Commerce et de l'Artisanat (direction du Commerce intérieur) dans les conditions fixées par les arrêtés du 7 avril 1970 et du 20 février 1976 ;
— à l'étranger, dans la mesure où ces manifestations offrent la possibilité de prendre ou de recevoir des commandes.

JOURNAL OFFICIEL DU 3 MAI 1984

« MINISTERE DU COMMERCE ET DE L'ARTISANAT »

MANIFESTATIONS COMMERCIALES

Le Ministre du Commerce et de l'Artisanat,

Vu l'ordonnance n° 45-2088 du 11 septembre 1945 relative aux foires et salons, modifiée par le décret n° 53-377 du 22 septembre 1953 ;

Vu le décret 69-948 du 10 octobre 1969 relatif aux manifestations commerciales ;

Vu l'arrêté du 7 avril 1970 relatif aux manifestations commerciales, modifié par l'arrêté du 20 février 1976 ;

Vu l'avis du Comité Consultatif des Foires et Salons,

Arrête :

ARTICLE PREMIER - Les paragraphes 15 et 16 de l'arrêté du 7 avril 1970, modifié par l'arrêté du 20 février 1976, sont remplacés par les dispositions suivantes :

A. *S'il s'agit d'un salon*

a. Comporter une nomenclature limitative des produits ou matériels ou services proposés ;

b. Etre suffisamment représentatif du secteur de spécialisation choisi et comporter plus de 150 exposants directs ou représenter une surface d'exposition égale ou supérieure à 4.000 mètres carrés ;

c. Produire les avis des organisations professionnelles nationales les plus représentatives dont relèvent les exposants ou éventuellement les visiteurs ;

d. S'être tenu au moins trois fois.

B. *S'il s'agit d'une foire*

a. Justifier de l'avis favorable de l'autorité municipale ; comporter plus de 250 exposants directs ;

b. Etre la foire la plus importante de la région économique ou commerciale ;

c. S'être tenue au moins trois fois.

ART. 2 - L'article 2 de l'arrêté du 7 avril 1970, modifié par l'arrêté du 20 février 1976, est remplacé par les dispositions suivantes :

ARTICLE 2

En application de l'article 6 du décret susvisé, une manifestation commerciale ne peut être agréée comme internationale que si elle satisfait aux conditions suivantes :

1. Bénéficier de l'agrément simple ;

2. Rassembler un nombre total d'exposants étrangers directs ou indirects égal au moins à 20 % du nombre total d'exposants et occupant une surface au moins égale à 10 % de la superficie totale des stands loués ou bien un nombre total d'exposants étrangers directs ou indirects occupant au moins 20 % de la superficie totale des stands loués.
La nationalité de l'exposant est déterminée par le pays dans lequel l'entreprise a son siège ;

3. N'établir aucune discrimination entre exposants de nationalités différentes, sauf exception requise ou autorisée par le ministre chargé du commerce ;

4. Justifier d'un nombre de visiteurs étrangers égal ou supérieur à 5 % du nombre total des visiteurs ou d'un nombre de visiteurs étrangers égal ou supérieur à 1.000 ;

5. Disposer de correspondants ou de représentants permanents à l'étranger, notamment par la voie d'un groupement de manifestations constitué à cette fin.

ART. 3 - A l'article 6 de l'arrêté du 7 avril 1970 susvisé, les mots : « 15 novembre et 1er décembre » sont remplacés par les mots : « 1er octobre et 15 octobre ».

ART. 4 - Les manifestations commerciales qui bénéficient d'un agrément ministériel disposent de cinq années à compter de la publication du présent arrêté pour se conformer aux dispositions des articles 1er à 3 ci-dessus.

ART. 5 - L'arrêté du 27 janvier 1977 relatif à l'agrément des expositions d'antiquités et de brocante est abrogé.

ART. 6 - Le directeur du commerce intérieur du ministère du Commerce et de l'Artisanat est chargé de l'exécution du présent arrêté, qui sera publié au Journal Officiel de la République Française.

Fait à Paris, le 20 avril 1984.

Michel Crépeau »

C.D.I.A. - Centre de Documentation et d'Information de l'Assurance
2, chaussée d'Antin, 75009 Paris - Tél. 48.24.96.12 - 47.70.89.39

FOIRES ET SALONS
RISQUES ET ASSURANCES DE L'EXPOSANT

Septembre 1982

Les risques : destruction de la marchandise exposée, dommages causés à autrui.

Les assurances : assurance personnelle de l'exposant, garanties souscrites par le comité de foire, garanties complémentaires pouvant être obtenues.

Le contrat d'assurance souscrit par le commerçant, l'artisan ou l'entreprise pour garantir les risques d'incendie, d'explosion, de dégât d'eau et de vol ne couvre les marchandises qu'à l'adresse du local désigné aux conditions particulières de son contrat. Ces objets, de même que le mobilier, les objets d'art... ne bénéficient donc plus de ces garanties lorsqu'ils sont sortis pour une exposition lors d'une foire ou d'un salon.

Les comités de foires obligent généralement les exposants à adhérer à une assurance minimum, dont le prix est perçu en même temps que les droits d'exposition. Cependant, celle-ci s'avère souvent insuffisante.

En effet, la valeur des marchandises exposées est très variable d'un stand à l'autre. Le règlement de foire, qui s'applique à tous les participants, ne prévoit leur garantie qu'à concurrence d'une somme moyenne qui, de plus, sera fonction de la surface du stand, ou sera forfaitaire ou limitée.

Si l'exposant ne s'est pas soucié des clauses relatives à l'assurance, il risque donc de ne recevoir qu'une indemnité très partielle, même si une partie de ses biens seulement a été touchée dont la valeur ne dépasserait pas le plafond de garantie. En effet, la société d'assurance du comité de foire pourra appliquer la « règle proportionnelle » en vertu de laquelle l'indemnité est réduite d'un pourcentage équivalent à la sous-assurance (art. L 121-5 du code des assurances).

Il peut également arriver que les organisateurs ne se soient pas du tout préoccupé des assurances.

Il est donc nécessaire que le futur exposant examine attentivement les clauses du règlement général de la foire. Eventuellement, il prendra contact avec l'assureur de la foire pour obtenir des précisions sur la nature des garanties et leur montant. Il aura intérêt à déterminer avec le plus de précisions possibles la valeur des objets qu'il compte exposer, ainsi que les risques qu'il encourt. Il pourra ainsi apprécier s'il doit compléter les assurances souscrites par les organisateurs de la foire.

Il est cependant nécessaire de distinguer :

— les dommages que pourraient subir les biens appartenant à l'exposant.

— la responsabilité que celui-ci peut encourir en cas de dommage causé à autrui.

LES BIENS APPARTENANT A L'EXPOSANT COMMENT LES ASSURER ?

Il est possible de compléter les garanties prévues par le règlement général de la foire de plusieurs façons :

— en souscrivant auprès de l'assureur de la foire une garantie complémentaire,

— en demandant à son assureur personnel une garantie spéciale pour une durée temporaire,

— en demandant, s'il participe fréquemment à ce genre d'exposition, une extension à son ou à ses contrats d'assurance, extension valable toute l'année pour une somme déterminée.

— Se soucier également de l'assurance des dommages subis en cours de transport par le matériel de démonstration.

Il est possible d'obtenir pour les biens exposés une garantie « tous risques ». Celle-ci comprend les dommages d'incendie, d'explosion, de dégât d'eau, le vol, ainsi que les dommages ayant une cause accidentelle.

Cette dernière garantie ne comprend pas la casse qui aurait pour origine un vice propre ou l'usure.

Certains risques ne seront garantis que si mention en est faite aux conditions particulières du contrat. D'autres ne seront pris en charge que si l'assuré a bien respecté les mesures de sécurité figurant dans les conditions générales du contrat. Il est donc utile de l'examiner attentivement.

Il peut être bon, notamment, de souscrire l'extension de garantie : « Mouvements populaires », « Attentats dans le cadre d'une action concertée », « Vandalisme ».

Objets fragiles. — Les conditions générales du contrat excluent généralement le risque de casse de certains objets considérés comme fragiles. La liste de ces objets figure au contrat, par exemple : objets en albâtre, céramique, cire, faïence, grès, cristaux, disques de phonographes, mannequin de cire...

La garantie peut être obtenue, moyennant un complément de prime. Une mention est alors portée aux conditions particulières du contrat.

Objets précieux. — Comme pour les objets fragiles, les contrats donnent une liste des objets considérés par l'assureur comme précieux. Ce sont par exemple : les objets en métaux précieux (or, platine), la joaillerie, les perles fines, l'orfèvrerie, tout objet de petite dimension et de grande valeur, les fourrures, pelleteries et dentelles vraies...

Ces objets sont généralement compris dans la garantie, selon des conditions et pour un montant à vérifier. Notamment, en cas de vol, ils ne seront remboursés que si l'assuré a bien pris les mesures de sécurité précisées au contrat.

Ainsi, les objets devront être enfermés :

— pendant les heures d'ouverture de l'exposition au public, dans des vitrines solides, munies de glaces épaisses, et fermées par des serrures de sécurité.

Pour les objets qui ne peuvent être mis en vitrine et qui dépassent une certaine valeur (par exemple 5.000 F) comme les fourrures, l'assureur pourra exiger une surveillance spéciale.

— Aux autres heures, ces objets devront être enfermés dans un coffre-fort agréé par l'assureur, ou pour les fourrures, pelleteries et dentelles vraies, dans des armoires solidement construites, fermées par des serrures de sûreté et dans un endroit parfaitement clos.

Le contrat n'interviendra que s'il y a eu bris, effraction, crochetage des vitrines (ou des meubles) ou si des violences ont été exercées à l'encontre du gardien.

Casse au cours de montage, démontage, intempéries. — Les dégâts causés à l'occasion des montages et démontages des machines exposées, ainsi que ceux causés par des intempéries aux objets exposés en plein air, peuvent être garantis ou exclus, suivant les foires.

Si la couverture de ces risques peut être accordée à un comité de foire pour une manifestation déterminée, il est généralement plus difficile de l'obtenir à titre individuel, sauf, bien entendu, si l'exposant possède déjà un contrat d'assurance « Bris de machines ».

Manquants non garantis. — Les pertes résultant de manquants dans les stands où l'on procède à des ventes, distributions ou dégustations de marchandises ou boissons quelconques ne sont pas prises en charge par les assureurs.

Transport. — Si l'exposant utilise son propre véhicule pour transporter ses marchandises, il aura soin de vérifier son contrat d'assurance pour éventuellement l'adapter. S'il fait appel à un transporteur routier, il doit savoir que celui-ci peut lui opposer une limitation de responsabilité dont les montants sont très peu élevés, actuellement 125 F par kg avec un maximum de 2.500 F par colis. Il peut, moyennant une surprime, augmenter la limite de responsabilité du transporteur jusqu'à concurrence de la valeur réelle des marchandises.

Il peut également obtenir, soit auprès de son assureur habituel, soit auprès du transporteur, une garantie qui pourra jouer même si le transporteur n'est pas responsable du dommage.

Aménagement et décoration du stand. — L'aménagement et la décoration sont généralement laissés à l'appréciation de l'exposant. Celui-ci peut emporter du mobilier, installer des enseignes lumineuses, des appareillages électriques, compteurs...

Il convient de faire une évaluation distincte de ce matériel, qui peut être assuré dans les mêmes conditions que les marchandises. Le capital garanti doit alors figurer aux conditions particulières du contrat.

Montant des garanties. — Le minimum prévu par le règlement général de la foire est très variable d'une foire à l'autre, par exemple 5.000 ou 20.000 F.

Dans le cadre même de la foire, il varie pour chaque exposant en fonction de la surface du stand et de sa situation, sous hall ou en plein air.

Dans le cadre des garanties complémentaires, il est nécessaire que la valeur totale des objets exposés soit déclarée à la société d'assurance, afin d'éviter l'application de la règle proportionnelle.

Il est souhaitable d'ailleurs de prévoir assez largement pour le cas où, au dernier moment, certains objets seraient ajoutés ou remplacés par des objets de plus grande valeur.

Il est bon que les assurances personnelles des exposants comportent une clause d'abandon de recours contre les organisateurs de la foire (et leurs préposés) ainsi que les autres exposants, clause qui jouerait dans le cas où ceux-ci seraient insuffisamment ou mal assurés.

De même, il est bon que les assurances souscrites par les organisateurs de la foire comportent un abandon de recours en faveur des exposants.

LES RESPONSABILITES DES EXPOSANTS

C'est un risque à ne pas négliger, surtout lorsque les visiteurs sont admis à pénétrer dans un stand où l'on fait des démonstrations de machines. Il ne faut pas oublier non plus les risques de communication d'un incendie ou ceux d'explosion.

Responsabilité civile en cas d'accident. — Une garantie est généralement souscrite par le comité de la foire pour assurer la responsabilité des membres du comité organisateur et du conseil d'administration de la manifestation.

Cette garantie peut être étendue à la responsabilité que peuvent encourir les exposants. Celle-ci n'interviendra qu'en complément ou à défaut des assurances personnelles couvrant les mêmes risques, et dont pourraient bénéficier les exposants.

En effet, l'exposant déjà garanti pour son exploitation peut obtenir une extension à son contrat « Responsabilité civile générale » pour sa participation à une foire, considérée comme une succursale mobile de son exploitation. C'est un point à vérifier.

Il ne faut pas oublier de signaler s'il est fait appel à du personnel occasionnel, tel que démonstratrices, hôtesses...

On n'oubliera pas non plus de vérifier que le contrat comporte une garantie « Responsabilité après livraison » si des marchandises sont vendues ou données au public. De même, s'il s'agit de produits alimentaires, on veillera à ce qu'une garantie « Intoxication alimentaire » figure au contrat, notamment s'il y a dégustation.

Responsabilité en cas d'incendie ou d'explosion. — Les organisateurs assurent les bâtiments de la foire contre l'incendie, s'ils en sont propriétaires, et font insérer dans la police une clause de renonciation à recours contre les exposants. Si le comité d'organisation est locataire, il assure généralement pour son compte et pour celui des exposants les « risques locatifs » (recours du propriétaire contre le locataire responsable d'un dommage).

Pour être complète, la police d'assurance des organisateurs doit comprendre également la garantie du « recours des voisins et des tiers » en cas d'incendie ou d'explosion, les exposants devant être considérés comme tiers entre eux. C'est un point important sur lequel les exposants doivent se renseigner. Un exposant peut en effet être responsable de la destruction entière d'une foire par un incendie ayant pris naissance dans son stand. Si la police des organisateurs est insuffisante, il prendra lui-même les précautions d'assurance qui s'imposent.

LE PERSONNEL OCCASIONNEL

Si l'exposant embauche temporairement des hôtesses, démonstrateurs, etc., pour la tenue de son stand, ce personnel doit être déclaré soit à la Sécurité Sociale (s'il s'agit d'exploitations industrielles ou commerciales), soit à la Mutualité Sociale Agricole (s'il s'agit d'exploitations agricoles ou d'activités connexes).

EXPOSITIONS A L'ETRANGER

Il est bon de vérifier les limites territoriales de ses propres contrats d'assurance et, éventuellement, de les faire adapter.

Il est possible de souscrire auprès de la C.O.F.A.C.E.*, pour les foires qui se déroulent en dehors de la C.E.E., une garantie complémentaire. Celle-ci consiste en une avance des frais, remboursable en cas de succès.

* Compagnie Française d'Assurance pour le Commerce Extérieur, 32, rue Marbeuf, 75008 Paris.

Cette assurance peut couvrir les frais de location et l'aménagement du stand, ceux de transport (aller et éventuellement retour) des articles exposés, ainsi que des voyages de préparation, des séjours et de publicité.

L'indemnité, qui peut être de 50 ou parfois 60 % des frais engagés dans le cadre du contrat, est versée aussitôt après la fin de l'exposition. L'assuré rembourse cette somme dans les années qui suivent (un à trois ans selon les contrats) en fonction du chiffre d'affaires réalisé dans le pays où a lieu l'exposition.

QUELQUES ADRESSES UTILES

Fédération Française des Foires et Salons de France
16, place du Havre - 75009 PARIS

Fédération Française des Salons Spécialisés
22, avenue Franklin-Roosevelt - 75008 PARIS

Office de Justification des Statistiques
Adresse postale pour les Foires :
Fédération Française Foire et Salons de France.

Union des Foires Internationales (U.F.I.)
35 bis, rue Jouffroy - 75017 PARIS

Centre Français du Commerce Extérieur (CFCE)
10, avenue d'Iéna - 75016 PARIS

Direction du Commerce Intérieur
101, rue de Grenelle - 75007 PARIS

Promosalons
45, avenue Georges V - 75008 PARIS

Chambre de Commerce Internationale
38, Cours Albert 1e - 75008 PARIS

COFACE
32, rue Marbeuf - 75008 PARIS

Direction du Commerce Extérieur
41, quai Branly - 75700 PARIS

Chambre Syndicale Nationale des Installateurs
de Stands et d'Expositions
10, rue du Débarcadère - 75852 PARIS Cedex 17

FEDERATION DES FOIRES ET SALONS DE FRANCE

Foire d'Agen (47000), 7, rue des Héros-de-la-Résistance.
Foire d'Albi (81014), 14, rue Timbal.
Foire d'Alençon (61004), Parc des Expositions, B.P. 109.
Foire d'Amiens (80000), 22, rue Vatable.
Foire d'Angers (49000), 9, rue Louis-Gain.
Foire d'Angoulême (16000), 99, rue du Pont-de-Vechillot.
Foire d'Annecy (74000), 20, rue Henry-Bordeaux.
Foire d'Auch (32000), résidence « Soleil », 2, rue des Lilas.
Foire de Printemps d'Avignon (84000), B.P. 75, 84140 Montfave.
Foire de Bayonne (64100), 10, rue Port-de-Castets.
Foire de Beauvais (60009), square Dévé, B.P. 335.
Foire de Besançon (25020), Parc des Expositions, B.P. 1913.
Foire Internationale de Bordeaux (33030), B.P. 55.
Foire de Bourg-en-Bresse (01000), 1, avenue du Champ-de-Foire.
Foire de Bourges (18000), 14, place Etienne-Dolet.
Foire de Brest (29200), 33, rue Yves-Collet.
Foire de Brignoles (83170), B.P. 35.
Foire de Brive (19100), 10, avenue Maréchal-Leclerc.
Foire de Caen (14004), rue Joseph-Philippon, B.P. 6117.
Foire de Calais (62100), 23, rue Eustache-de-Saint-Pierre.
Foire de Castres (81100), Chambre de Commerce.
Foire de Chalon-sur-Saône (71100), Chalet de la Foire.
Foire de Châlons-sur-Marne (51000), 13, rue Garinet.
Foire de Chambéry (73000), 303, quai des Allobroges.
Foire de Charleville-Mézières (08100), B.P. 388.
Foire de Châteauroux (36000), Parc de Belle-Isle.
Foire de Cholet (49312), place du Général-de-Gaulle, B.P. 325.

Foire de Clermont-Ferrand Cournon (63800), 2, rue du Foirail.
Foire de Colmar (68000), avenue de la Foire-aux-Vins.
Foire de Condom (32100), 13, av. du Général-de-Gaulle.
Foire de Digne (04000), Chambre de Commerce.
Foire de Dijon (21003), B.P. 108.
Foire de Douai (59504), 9, place du Barlet, B.P. 275.
Foire d'Epinal (88001), B.P. 5.
Foire de Fontenay-le-Comte (85200), 2 bis, rue de la République.
Foire de Fougères (35300), 36, rue Nationale.
Foire de Grenoble (38029), ALPEXPO.
Foire de Guingamp (22204), B.P. 171.
Foire de La Rochelle (17000), Parc des Expositions.
Foire de La Roche-sur-Foron (74800), B.P. 18.
Foire de Laval (53006), B.P. 107.
Foire du Mans (72001), B.P. 22.
Foire Internationale de Lille (59022), B.P. 3687.
Foire de Limoges (87100), boulevard Robert-Schuman.
Foire de Lons-le-Saulnier (39002), B.P. 51.
Foire de Lorient (56100), place Jules-Ferry.
Foire Internationale de Lyon (69459), quai Achille-Lignon.
Foire Internationale des Vins de Mâcon (71000), 3, rue Gambetta.
Foire Internationale de Marseille (13266), Parc Chanot.
Foire Internationale de Metz (57005), B.P. 189
Foire de Montauban (82000), Chambre de Commerce.
Foire de Mont-de-Marsan (40000), 6, rue du Ml-Bosquet.
Foire de Montélimar (26200), Maison du Tourisme.
Foire Internationale de Montpellier (34006), B.P. 1056.
Foire de Morlaix (29201), Hôtel de Ville.
Foire de Mulhouse (68100), 6, avenue Robert-Schuman.
Foire Internationale de Nantes (44007), B.P. 207.
Foire de Nevers (58000), 12, rue des Francs-Bourgeois.
Foire Internationale de Nice (06300), Palais des Expositions.
Foire de Nîmes (30000), rue des Bouillargues.
Foire de Niort (79022), Hôtel de Ville.
Foire d'Orange (84100), 12, rue Segond-Weber, B.P. 119.
Foire d'Orléans, Hôtel de Ville, B.P. 5002.
Foire de Paris Cedex 16 (75782), 7, rue Copernic.
Foire de Pau (64000), 7, boulevard Champetier-de-Ribes.
Foire de Périgueux (24000), 23, rue du Président-Wilson.
Foire de Poitiers (86000), rue Salvador-Allende.
Foire de Pontivy (56300), Mairie de Pontivy.
Foire de Quimper (29106), Parc des Expositions de Penvillers.
Foire de Reims (51100), 5, rue des Marmouzets.
Foire Internationale de Rennes (35007), B.P. 583
Foire de Roanne (42300), 4, rue Marengo.

Foire de Rochefort-sur-Mer (17032), B.P. 62.
Foire de Romans (26100), place du Champ-de-Mars.
Foire de Rouen (76016), Parc des Expositions, B.P. 1080.
Foire de Saint-Brieuc (22004), B.P. 236.
Foire de Saint-Etienne (42000), 3, rue Charles-de-Gaulle.
Foire de Saint-Girons (09200), avenue Charles-de-Gaulle.
Foire de Saintes (17100), 102, rue Gautier.
Foire Européenne de Strasbourg-Wacken (67000), place de la Foire-Exposition.
Foire de Tarbes (65000), boulevard Kennedy.
Foire Internationale de Toulouse (31030), B.P. 4128.
Foire de Troyes (1004), B.P. 124.
Foire de Valence (26000), 48, avenue de la Marne.
Foire de Vannes (56000), B.P. 171.
Foire de Vesoul (70000), 27, avenue Aristide Briand.
Foire de Villeneuve-sur-Lot (47302), B.P. 37.

Composé par publi fil - Rouen
Achevé d'imprimer par
Imprimerie de l'Indépendant
Château-Gontier
N° d'éditeur : 776
N° imprimeur : 10398
Dépôt légal : octobre 1987
Imprimé en France